新媒体时代
新闻采编研究

杨小艾 ◎ 著

吉林出版集团股份有限公司
全国百佳图书出版单位

图书在版编目（CIP）数据

新媒体时代新闻采编研究 / 杨小艾著. -- 长春：
吉林出版集团股份有限公司，2024.6. -- ISBN 978-7
-5731-5332-6

Ⅰ. G21

中国国家版本馆CIP数据核字第2024ZV2498号

XINMEITI SHIDAI XINWEN CAIBIAN YANJIU
新媒体时代新闻采编研究

著　　者	杨小艾
责任编辑	田　璐
装帧设计	朱秋丽
出　　版	吉林出版集团股份有限公司
发　　行	吉林出版集团青少年书刊发行有限公司
地　　址	吉林省长春市福祉大路 5788 号（130118）
电　　话	0431-81629808
印　　刷	北京昌联印刷有限公司
版　　次	2024 年 6 月第 1 版
印　　次	2024 年 6 月第 1 次印刷
开　　本	787 mm×1092 mm　　1/16
印　　张	11.5
字　　数	212千字
书　　号	ISBN 978-7-5731-5332-6
定　　价	76.00元

版权所有·翻印必究

前　言

　　随着科技的飞速发展，新媒体时代已经悄然来临，给新闻采编工作带来了前所未有的挑战与机遇。新闻采编作为新闻传播的重要环节，其质量与效率直接关系着新闻信息的传播效果和社会影响力。因此，在新媒体时代背景下，对新闻采编工作进行深入研究，探索其发展趋势与应对策略，具有重要的理论价值和实践意义。

　　新媒体时代的来临，使得新闻传播方式发生了深刻变革。传统的报纸、电视、广播等媒体逐渐失去了市场的主导地位，而互联网、移动媒体等新媒体形式则迅速崛起，成为新闻传播的主要渠道。新媒体具有传播速度快、互动性强、信息量大等特点，使得新闻信息的获取和传播变得更加便捷和高效。然而，新媒体的崛起也给新闻采编工作带来了诸多挑战。一方面，新媒体时代的信息量呈爆炸式增长，新闻采编人员需要面对海量的信息源，如何筛选、整合、提炼有价值的新闻信息，成为摆在他们面前的一大难题。另一方面，新媒体时代的受众需求日益多元化，他们对新闻信息的关注度、接受度和传播度提出了更高的要求，新闻采编人员需要不断创新报道方式和手段，以满足受众的多样化需求。

　　在新媒体时代背景下，新闻采编工作也面临着一些新的问题和挑战。首先，新闻信息的真实性和准确性问题日益凸显。新媒体的开放性和匿名性，使得虚假新闻、谣言等不实信息得以迅速传播，给社会带来了极大的负面影响。新闻采编人员需要加强对新闻信息的核实和甄别，确保报道的真实性和准确性。其次，新闻采编人员的专业素养和综合能力亟待提升。新媒体时代对新闻采编人员的知识储备、技能水平和创新能力提出了更高的要求，他们需要不断学习和掌握新知识、新技能，以适应新媒体时代的发展需求。

　　新媒体时代新闻采编研究具有重要的理论价值和实践意义。本书将通过对新媒体时代新闻采编工作进行深入分析和探讨，为新闻采编工作的创新和发展提供有益的参考和借鉴。我们期待通过本研究，能够推动新闻采编工作在新媒体时代取得更加辉煌的成就。

目　录

第一章　新媒体时代的新闻采访概述

第一节　新媒体时代的定义与特点

一、新媒体时代的概念界定

新媒体时代，是一个涵盖了信息传播、文化交流、社会互动等多个领域的综合性概念。它伴随着信息技术的飞速发展和普及，特别是互联网、移动通信等新媒体技术的广泛应用，极大地改变了人们获取、处理和分享信息的方式，对社会生活的方方面面产生了深远影响。

新媒体时代，是指基于数字化、网络化、智能化等信息技术手段，以互联网、移动通信等新媒体为主要载体，实现信息快速传播、广泛覆盖和高效互动的时代。这个时代的特点在于，新媒体技术的普及和应用，使得信息的获取、处理和分享变得更加便捷、高效和多元化。同时，新媒体时代的出现，也促进了媒体形态的多样化、内容生产的个性化以及受众参与的广泛性。

二、新媒体时代的主要特征

新媒体时代，是以数字化、网络化、智能化为技术基础，以互联网、移动通信等新媒体为主要平台，实现信息快速传播、广泛覆盖和高效互动的时代。这一时代带来了信息传播方式的革命性变革，深刻影响着社会生活的各个方面。以下将详细阐述新媒体时代的主要特征。

（一）信息传播的高速化与即时性

新媒体时代，信息传播的速度和效率达到了前所未有的高度。互联网和移动通信技术的快速发展，使得信息可以迅速传播到世界的每一个角落。人们可以通过电脑、手机等终端设备，随时随地获取和分享信息。这种高速化和即时性的信息传播特征，使得新闻事件的报道和传播更加迅速，人们可以第一时间了解事件最新动态。

（二）媒体形态的多样性与融合性

新媒体时代，媒体形态呈现出多样化的特点。除传统的报纸、电视、广播等媒体外，新媒体形态如社交媒体、短视频、直播等层出不穷。这些新媒体形态各具特色，满足了不同受众群体的需求。同时，新媒体时代也呈现出媒体融合的趋势。传统媒体与新媒体之间的界限逐渐模糊，各种媒体形态开始相互融合，形成了多媒体、跨媒体的发展态势。这种多样性和融合性使得信息传播更加丰富多彩，满足了人们多样化的信息需求。

（三）内容生产的个性化与互动化

新媒体时代，内容生产逐渐走向个性化和互动化。在互联网和新媒体平台上，每个人都可以成为信息的生产者和传播者。人们可以根据自己的兴趣和需求，定制个性化的信息内容。同时，新媒体平台也为受众提供了互动和反馈的机会。受众可以通过评论、点赞、分享等方式参与内容生产的过程，与生产者进行实时互动。这种个性化和互动性的内容生产方式，使得信息更加贴近受众的需求，也增强了受众的参与感和归属感。

（四）受众的细分化与精准化

新媒体时代，受众的细分化和精准化成为趋势。由于新媒体平台能够收集和分析用户的个人信息和行为数据，因此可以更加精准地定位目标受众群体，制定个性化的传播策略。这使得信息传播更加精准、高效，也提高了广告和推广的效果。同时，受众的细分化也使得内容生产者可以更加深入地了解受众的需求和偏好，从而生产出更加符合受众口味的内容。

（五）信息传播的互动性与共享性

新媒体时代，信息传播不再是单向的，而是具有高度的互动性和共享性。受众可以通过新媒体平台表达自己的观点和看法，与其他用户进行交流和讨论。这种互动性使得信息传播更加活跃和多元，也促进了社会舆论的形成和传播。同时，新媒体平台上的信息共享也变得更加便捷。人们可以通过分享、转发等方式，将信息迅速传播给更多的人，实现信息的共享和传递。

（六）技术创新的持续性与快速性

新媒体时代的技术创新日新月异，不断推动着新媒体的发展。互联网、大数据、人工智能等新一代信息技术的广泛应用，为新媒体提供了更加丰富的技术手段和应用场景。这些技术创新不仅提高了新媒体的传播效率，扩大了其覆盖范围，也丰富了新媒体的内容和形式。同时，技术创新的快速性也使得新媒体行业不断涌现出新的业态和模式，为新媒体时代的发展注入了新的活力。

三、新媒体时代对新闻行业的影响

新媒体时代，以其独特的传播方式、广泛的覆盖范围和高效的互动性，对新闻行业产生了深远的影响。从新闻生产、传播到接收，新媒体时代的特征都在不断地重塑着新闻行业的面貌。以下将详细探讨新媒体时代对新闻行业的影响。

（一）新闻生产方式的变革

新媒体时代，新闻生产方式发生了显著的变革。传统的新闻生产模式往往依赖于专业的新闻机构和记者团队，通过采访、编辑、发布等环节，将新闻传递给受众。然而，在新媒体时代，新闻生产的门槛大大降低，个人和小型媒体也可以参与到新闻生产中。社交媒体、自媒体等平台的兴起，使得每个人都可以成为新闻的生产者和传播者。这种变革不仅丰富了新闻的来源和形式，也提高了新闻的时效性和互动性。

（二）新闻传播渠道的拓展

新媒体时代，新闻传播的渠道得到了极大的拓展。传统的新闻传播渠道，如报纸、电视、广播等，虽然仍然具有一定的影响力，但已经无法满足人们日益增长的信息需求。新媒体平台，如互联网、移动应用等，以其快速、便捷、互动的特点，成了新闻传播的重要渠道。人们可以通过手机、电脑等设备，随时随地获取最新的新闻信息，并参与到新闻的讨论和传播中。这种渠道拓展不仅提高了新闻的传播效率，也扩大了新闻的影响力。

（三）新闻接收方式的改变

新媒体时代，受众接收新闻的方式也发生了显著的变化。传统的新闻接收方式，往往是被动地接收新闻机构传递的信息。然而，在新媒体时代，受众可以更加主动地选择自己感兴趣的新闻内容，并参与到新闻的讨论和互动中。个性化推荐算法的应用，使得新闻平台可以根据用户的兴趣和偏好，推送定制化的新闻内容。这种改变不仅提高了受众的参与度和满意度，也使得新闻行业更加关注受众的需求和反馈。

（四）新闻真实性和权威性的挑战

新媒体时代的到来，虽然带来了新闻行业的繁荣和变革，但也对新闻的真实性和权威性提出了挑战。由于新媒体平台的信息发布门槛相对较低，一些不实信息、虚假新闻也得以传播。这些信息的存在，不仅误导了受众，也损害了新闻行业的形象和信誉。因此,新闻行业需要加强对新媒体平台的监督和管理,提高新闻的真实性和权威性。同时,也需要加强新闻从业人员的职业素养和道德意识,确保新闻报道的准确性和公正性。

(五)新闻行业商业模式的创新

新媒体时代也为新闻行业带来了商业模式的创新。传统的新闻行业主要依赖于广告收入和订阅费用等盈利模式,但在新媒体时代,新闻行业可以通过多种方式实现盈利。例如,通过提供付费内容、开展线上线下活动、与电商合作等方式,实现多元化盈利。这种商业模式的创新不仅为新闻行业带来了更多的收入来源,也提高了新闻行业的竞争力和可持续发展能力。

(六)新闻行业与其他行业的融合

新媒体时代还促进了新闻行业与其他行业的融合。随着技术的不断进步和应用场景的不断拓展,新闻行业开始与娱乐、教育、科技等行业进行深度融合。这种融合不仅丰富了新闻的内容和形式,也提高了新闻的传播效果和影响力。例如,通过虚拟现实、增强现实等技术手段,可以将新闻场景进行三维呈现,提高受众的沉浸感和参与感。同时,通过大数据、人工智能等技术手段,可以对新闻数据进行深入挖掘和分析,提供更加精准和有价值的新闻报道。

第二节　新闻采访在新媒体时代的重要性

一、新闻采访在新媒体时代的作用

新媒体时代以其独特的传播特性、广泛的覆盖范围和高度互动性,为新闻行业带来了前所未有的变革。在这一时代背景下,新闻采访不仅继续扮演着传统角色,还逐渐展现出其在新媒体环境中的新作用。以下将详细探讨新闻采访在新媒体时代的多重细分作用。

(一)新闻采访在信息传播中的基础性作用

新闻采访是新闻传播的起点和基础,无论时代如何变迁,这一点始终未变。在新媒体时代,新闻采访的首要任务仍然是获取新闻事实的第一手资料。通过深入采访,记者能够直接接触事件的当事人、目击者以及相关专家,从而获取最真实、最直接的新闻素材。这些素材不仅是新闻报道的基石，也是保障新闻真实性和权威性的关键。

此外，新闻采访还有助于揭示事件的深层原因和背景，为受众提供全面、深入的新闻解读。通过采访，记者可以挖掘出事件背后的社会现象、文化内涵以及人性光辉，使新闻报道更具深度和广度。

（二）新闻采访在互动传播中的桥梁作用

新媒体时代的一个重要特征是信息传播的高度互动性。新闻采访在这一背景下，不仅是信息的传递者，更是受众与新闻事件之间的桥梁。通过采访，记者可以将受众的疑问、关切和反馈传递给事件的当事人和相关方，同时也将他们的回应和解释带回给受众。这种双向互动的传播方式，有助于增强新闻报道的透明度和公信力，使受众更加深入地了解新闻事件的来龙去脉。

此外，新闻采访还可以借助新媒体平台，实现与受众的实时互动。例如，通过直播采访、在线问答等方式，记者可以与受众进行实时交流，解答他们的疑问，收集他们的意见，从而进一步提升新闻报道的针对性和实效性。

（三）新闻采访在个性化传播中的引领作用

新媒体时代，受众对新闻的需求日益个性化、多元化。新闻采访在这一背景下，需要更加注重对受众需求的把握和满足。通过深入了解不同受众群体的兴趣、喜好和需求，记者可以有针对性地进行采访和报道，为受众提供定制化的新闻内容。

同时，新闻采访还可以通过挖掘新闻事件的独特性和亮点，引领受众的关注和思考。通过对新闻事件进行深入剖析和解读，记者可以揭示出事件背后的社会价值和意义，引导受众形成正确的价值观和世界观。

（四）新闻采访在舆论监督中的重要作用

舆论监督是新闻采访的重要功能之一，在新媒体时代更是得到了进一步的强化。通过采访和报道，新闻媒体可以对政府、企事业单位等社会各界的行为进行监督和约束，揭露和批评其不当行为，促使其改进工作、维护社会公平正义。

在新媒体环境下，舆论监督的范围和影响力得到了进一步扩大。借助网络、社交媒体等新媒体平台，新闻采访可以迅速将监督信息传递给广大受众，引发社会关注和讨论。这种广泛而深入的舆论监督，有助于推动社会的进步和发展。

（五）新闻采访在品牌形象塑造中的积极作用

在新媒体时代，新闻媒体的品牌形象对于其传播力和影响力至关重要。而新闻采访作为新闻媒体的重要组成部分，对于塑造和提升品牌形象具有积极作用。

二、新闻采访在新媒体时代的价值

新媒体时代以其前所未有的信息传播速度和广泛的覆盖范围，为新闻行业带来了前所未有的变革。在这一时代背景下，新闻采访作为新闻传播的起点和基础，其价值和地位也越发凸显。新闻采访不仅是收集新闻信息、传递新闻事实的重要手段，更是推动新闻行业发展、提升新闻品质的关键因素。以下将详细探讨新闻采访在新媒体时代的价值。

（一）新闻采访在新媒体时代的信息价值

在新媒体时代，信息的获取和传播变得更加便捷和高效。然而，这也导致了信息的繁杂和真伪难辨。在这样的背景下，新闻采访的信息价值越发凸显。通过深入采访，记者能够直接接触事件的当事人、目击者以及相关专家，获取第一手资料，从而确保新闻信息的真实性和准确性。

此外，新闻采访还能够挖掘出事件背后的深层原因和背景，为受众提供全面、深入的新闻解读。这种深入的信息挖掘和解读，不仅有助于满足受众对新闻信息的需求，也有助于提升新闻的品质和影响力。

（二）新闻采访在新媒体时代的互动价值

新媒体时代的一个重要特征是信息传播的高度互动性。新闻采访作为新闻传播的重要环节，具备更高的互动价值。通过采访，记者可以与事件的当事人、相关方以及受众进行实时互动，了解他们的想法、观点和反馈，从而更加精准地把握新闻事件的走向和受众的需求。

同时，新闻采访还可以通过新媒体平台实现与受众的广泛互动。例如：通过直播采访、在线问答等方式，记者可以与受众进行实时交流，解答他们的疑问，收集他们的意见，从而进一步提升新闻报道的针对性和实效性。这种互动性的提升，不仅有助于增强新闻传播的效果，也有助于提升新闻媒体的品牌形象和影响力。

（三）新闻采访在新媒体时代的创新价值

新媒体时代为新闻采访提供了更多的创新空间和可能性。通过运用新媒体技术，新闻采访可以实现形式和内容的创新。例如：利用虚拟现实技术，记者可以带领受众"亲临"新闻现场，感受事件的真实氛围；利用大数据分析，记者可以更加精准地把握受众的兴趣和需求，从而进行更加有针对性的采访和报道。

此外，新媒体时代也催生了新的采访方式和手段。例如：通过社交媒体进行线上采访、通过视频通话进行远程采访等，这些新的采访方式不仅提高了采访的效率和便捷性，也为记者提供了更多的采访选择和可能性。这种创新性的提升，不仅有助于丰富新闻采访的形式和内容，也有助于推动新闻行业的发展和进步。

（四）新闻采访在新媒体时代的品牌价值

在新媒体时代，新闻媒体的品牌形象对于其传播力和影响力至关重要。而新闻采访作为新闻媒体的重要组成部分，对于塑造和提升品牌形象具有不可替代的作用。

通过高质量的采访和报道，新闻媒体可以展示其专业、客观、公正的形象，赢得受众的信任和尊重。同时，通过采访和报道具有社会价值和意义的新闻事件，新闻媒体可以传递正能量、弘扬主旋律，进一步提升其品牌形象和社会地位。这种品牌价值的提升，不仅有助于增强新闻媒体的市场竞争力，也有助于提升其在社会舆论场中的影响力和话语权。

（五）新闻采访在新媒体时代的文化传承价值

新闻采访不仅是收集和传播新闻信息的过程，更是文化传承和交流的重要载体。在新媒体时代，新闻采访可以通过更加广泛和深入的报道，展示不同地区、不同文化背景下的社会现象和人文风情，促进文化的交流和融合。

同时，新闻采访还可以通过深入挖掘历史和文化内涵，传承和弘扬中华优秀传统文化，提升民族文化的自信心和影响力。这种文化传承价值的体现，不仅有助于丰富新闻报道的内涵，也有助于推动文化的多样性和繁荣发展。

第三节　新媒体时代新闻采访的形式与变化

一、新媒体时代新闻采访的主要形式

新媒体以其独特的传播方式、广泛的覆盖范围和高效的互动性，为新闻采访带来了前所未有的变革。传统的采访方式，如面对面采访、电话采访等，这在新媒体时代依然发挥着重要作用，但同时也涌现出了许多新的采访形式。这些新的形式不仅丰富了新闻采访的手段，也提高了采访的效率和质量。以下将详细探讨新媒体时代新闻采访的主要形式。

（一）面对面采访：经典且不可或缺

面对面采访，或称直面采访，是新闻采访中最经典且不可或缺的形式。记者通过口头提问，用一问一答的形式，了解客观情况，收集新闻素材。这种采访方式能够直接观察到采访对象的表情、动作等非语言信息，有助于记者更深入地理解采访对象的内心世界和真实想法。同时，面对面采访也能够建立更加紧密的人际关系，增强采访的针对性和实效性。

在新媒体时代，面对面采访依然占据着重要地位。尽管新媒体技术使采访变得更加便捷，但面对面的交流依然是获取真实、深入信息的重要途径。尤其是在涉及重大新闻事件、敏感话题时，面对面采访更能展现记者的专业素养和采访能力。

（二）电话与网络采访：突破时空界限

电话采访和网络采访是新媒体时代兴起的采访形式，它们突破了时空界限，使得记者能够在不同地点、不同时间进行采访。电话采访通过电话这一现代化的通信工具，使记者能够迅速获取采访对象的意见和看法。网络采访则利用互联网技术，通过电子邮件、在线聊天等方式进行采访。

这两种采访形式具有高效、便捷的特点，适用于对时效性要求较高或采访对象无法面对面交流的场合。同时，它们也能够帮助记者扩大采访范围，获取更多元化的信息。然而，需要注意的是，电话和网络采访可能存在信息失真、沟通障碍等问题，因此在使用时需要谨慎对待。

（三）体验式采访：深入实际，感同身受

体验式采访是新媒体时代一种创新的采访形式。记者通过参与被报道者的生产实践和工作实践，亲身体验他们的劳动和生活，从而在体验中进一步采访。这种采访形式能够使记者更加深入地了解采访对象的实际情况，增强新闻报道的真实性和感染力。

体验式采访尤其适用于报道与民生、社会热点等紧密相关的新闻事件。通过亲身体验，记者能够更直观地感受到采访对象的喜怒哀乐，进而在报道中传递出更加真实、深刻的情感。同时，体验式采访也能够增强新闻报道的贴近性和可读性，吸引更多受众的关注和共鸣。

（四）视觉采访与短视频采访：直观呈现新闻现场

视觉采访和短视频采访是新媒体时代新闻采访的重要形式。视觉采访强调用眼睛去观察、发现新闻事实，通过细腻的拍摄手法和生动的画面来呈现新闻现场。短视频采访则利用短视频这一新媒体形式，将新闻现场以更加直观、生动的方式呈现

给受众。

这两种采访形式能够充分利用新媒体平台的传播优势，将新闻信息以更加直观、形象的方式传递给受众。它们不仅能够增强新闻报道的吸引力和感染力，还能够提高受众对新闻信息的理解和接受程度。同时，视觉采访和短视频采访也要求记者具备更加敏锐的观察力和创新能力，以捕捉新闻现场的精彩瞬间和独特细节。

（五）社交媒体采访：互动与共享的新模式

社交媒体采访是新媒体时代一种新兴的采访形式。记者通过社交媒体平台，如微博、微信、抖音等，与采访对象进行互动和交流，获取新闻信息。这种采访形式具有高度的互动性和共享性，能够吸引更多受众的参与和关注。

在社交媒体采访中，记者可以利用社交媒体平台的特性，如实时发布、转发、评论等，与受众进行实时互动，了解他们的意见和看法。同时，记者还可以通过社交媒体平台分享采访过程中的精彩瞬间和幕后故事，增强与受众的互动和联系。这种互动与共享的新模式不仅有助于提升新闻报道的传播效果，还能够增强记者与受众之间的情感。

二、新媒体时代新闻采访的变化特点

新媒体以其独特的传播方式、广泛的覆盖范围和高效的互动性，对新闻采访产生了深远影响。新闻采访作为新闻传播的起点和基础，在新媒体时代面临着诸多变革和挑战。以下将详细探讨新媒体时代新闻采访的变化特点。

（一）采访形式的多样化与灵活性

新媒体时代，新闻采访的形式呈现出多样化和灵活性的特点。传统的面对面采访、电话采访等形式依然存在，但已经不再是唯一的选择。随着互联网技术的不断发展，网络采访、社交媒体采访等新型采访形式逐渐兴起，为记者提供了更加便捷和高效的采访手段。

网络采访通过电子邮件、在线聊天等方式进行，突破了时空限制，使得记者能够随时随地进行采访。社交媒体采访则利用微博、微信、抖音等社交平台，通过私信、评论等方式与采访对象进行互动和交流，获取新闻信息。这些新型采访形式的出现，不仅丰富了采访手段，也提高了采访的效率和灵活性。

（二）采访内容的深度与广度并重

新媒体时代，新闻受众对信息的需求越来越多样化，他们不仅关注新闻事件的表面现象，更希望了解事件的深层次原因和背景。因此，新闻采访在追求时效性的同时，也更加注重对新闻事件的深度挖掘和全面报道。

记者在进行采访时，不仅需要了解事件的基本情况，还需要深入挖掘事件的背景、原因、影响等方面，提供全面、深入的信息。同时，记者还需要关注与事件相关的各种因素，如政策、文化、社会心理等，以便更全面地报道新闻事件。这种深度与广度并重的采访特点，有助于提升新闻报道的质量和影响力。

（三）采访过程的互动性与共享性增强

新媒体时代，新闻传播的互动性和共享性得到了显著提升。新闻采访作为新闻传播的重要环节，其过程也呈现出互动性和共享性增强的特点。

在采访过程中，记者可以通过社交媒体平台实时发布采访进展、分享采访心得，与受众进行互动和交流。受众可以通过点赞、评论等方式参与采访过程，提出自己的问题和看法，与记者进行实时互动。这种互动性不仅有助于增强新闻报道的吸引力和感染力，还能够增强受众的参与感和归属感。

同时，新媒体平台为新闻采访的共享性提供了便利条件。记者可以将采访内容通过社交媒体、短视频平台等途径进行广泛传播，让更多人了解新闻事件。受众也可以将这些内容分享到自己的社交圈，进一步扩大新闻的传播范围。这种共享性有助于提升新闻报道的传播效果和社会影响力。

（四）采访技术的创新与智能化发展

新媒体时代，技术的发展为新闻采访提供了更多可能性。虚拟现实、增强现实、人工智能等技术的应用，为新闻采访带来了革命性的变化。

虚拟现实和增强现实技术能够为记者提供更加逼真的采访环境，让他们仿佛置身于新闻现场，获取更加真实、深入的采访体验。人工智能技术则可以通过数据分析、自然语言处理等手段，帮助记者快速筛选和整理采访信息，提高采访效率和质量。

此外，无人机、智能穿戴设备等新型采访工具的出现，也为记者提供了更加便捷和高效的采访手段。这些技术的创新与应用，不仅丰富了新闻采访的形式和内容，也提升了新闻采访的智能化水平。

（五）采访理念的转变与受众导向的强化

新媒体时代，新闻采访的理念也发生了转变。传统的以记者为中心的采访理念逐渐转变为以受众为中心的理念，受众的需求和反馈成为记者进行采访的重要依据。

记者在进行采访时，需要充分考虑受众的需求和兴趣点，选择能够引起受众共鸣的话题和角度进行报道。同时，记者还需要关注受众的反馈和意见，及时调整采访策略和内容，以更好地满足受众的需求。这种受众导向的采访理念，有助于提升新闻报道的针对性和实效性，增强与受众的互动和联系。

三、新媒体时代新闻采访的技术创新

新媒体时代，技术的飞速发展不仅改变了新闻传播的格局，也深刻影响了新闻采访的方式和流程。技术创新为新闻采访带来了前所未有的便利和可能性，使得新闻从业者能够更高效地获取新闻素材，更生动地呈现新闻事件。以下将详细探讨新媒体时代新闻采访的技术创新。

（一）移动互联网技术的应用

移动互联网技术的普及，使得新闻采访不再受限于传统的固定场所和时间。记者可以通过智能手机、平板电脑等移动终端设备，随时随地进行采访和报道。这种便携性不仅提高了采访的灵活性，也使得记者能够更快速地获取第一手新闻资料。

同时，移动互联网技术还为新闻采访提供了丰富的交互方式。记者可以通过社交媒体平台与受众进行实时互动，了解他们的观点和反馈，进而调整采访策略和内容。这种互动性不仅增强了新闻报道的针对性和实效性，也拉近了新闻从业者与受众之间的距离。

（二）大数据技术的应用

大数据技术的兴起，为新闻采访提供了强大的数据支持和分析工具。记者可以通过收集和分析大量数据，挖掘新闻事件的深层次信息和背景，提高报道的深度和广度。

在采访过程中，记者可以利用大数据技术对采访对象进行背景调查和分析，了解其社会关系、兴趣爱好、职业经历等方面的信息，从而更好地把握采访节奏和角度。同时，记者还可以通过数据分析来评估新闻报道的传播效果和影响力，为后续的采访和报道提供有益的参考。

（三）虚拟现实与增强现实技术的应用

虚拟现实（VR）和增强现实（AR）技术的出现，为新闻采访带来了全新的视觉体验。通过 VR 和 AR 技术，记者可以将新闻现场以更加逼真、生动的形式呈现给受众，使他们仿佛置身于现场之中，感受到新闻事件的真实氛围和细节。

这种技术创新不仅增强了新闻报道的吸引力和感染力，也使得受众能够更深入地了解新闻事件的全貌。同时，VR 和 AR 技术还可以为记者提供更为丰富的采访手段和形式，如通过虚拟场景进行模拟采访、通过 AR 眼镜获取现场实时画面等，进一步提高采访的效率和质量。

（四）人工智能技术的应用

人工智能技术的快速发展，为新闻采访提供了智能化的支持和辅助。通过自然语言处理、机器学习等技术，人工智能可以帮助记者自动筛选和整理新闻素材，提高采访的效率。

同时，人工智能还可以根据记者的采访需求，自动推荐相关的新闻话题和采访对象，为记者提供有价值的参考和建议。此外，人工智能还可以通过分析受众的反馈和行为数据，为记者提供个性化的报道策略和优化建议，进一步提升新闻报道的质量和影响力。

（五）无人机与智能摄影技术的应用

无人机和智能摄影技术的普及，为新闻采访提供了更为广阔的视角和更为丰富的视觉素材。无人机可以飞越障碍、穿越狭窄空间，拍摄到传统摄影无法捕捉的画面；智能摄影技术则可以通过自动跟踪、自动对焦等功能，捕捉到更为生动、真实的新闻瞬间。

这些技术的应用，使得新闻报道能够呈现出更为立体、全面的视觉效果，增强了受众的沉浸感和代入感。同时，无人机和智能摄影技术还可以为记者提供更为便捷的拍摄手段，减少拍摄难度和降低成本，提高采访的效率和灵活性。

第二章　新媒体时代的新闻采访技巧

第一节　远程采访与在线交流技巧

一、远程采访的准备工作

在新媒体时代，远程采访已成为新闻采集工作中不可或缺的一部分。由于受地理限制、时间因素或特殊事件的影响，记者经常需要通过电话、视频会议工具或其他在线平台来进行远程采访。然而，远程采访相较于传统的面对面采访，具有其独特性和挑战性。因此，充分、细致的准备工作显得尤为重要。

（一）明确采访目的与主题

在进行远程采访前，明确采访目的与主题是首要任务。记者应清晰界定采访的核心议题，确保采访过程中能够围绕主题进行深入探讨，同时，也要考虑到远程采访的局限性，避免涉及过于复杂或需要现场观察的问题。

（二）选择合适的采访工具与平台

远程采访的成功与否，很大程度上取决于所使用的采访工具与平台。记者应根据采访需求、受访者条件以及网络状况等因素，选择稳定、易用、高质量的采访工具。例如：视频会议软件、在线聊天工具或录音设备等。在选择平台时，还需注意其安全性与隐私保护性能，确保采访内容不被泄露。

（三）了解受访者背景与需求

在准备远程采访时，对受访者的背景、经历、专业领域以及个人需求进行深入了解至关重要。这有助于记者提出更具针对性、更贴近受访者实际的问题，从而提高采访效果。此外，了解受访者的时间安排、网络状况以及可能的顾虑等，也有助于记者更好地安排采访时间和方式，确保采访顺利进行。

（四）制定详细的采访提纲

采访提纲是远程采访准备工作的核心部分。记者应根据采访目的与主题，制定一份内容详细、结构清晰的采访提纲。提纲应包括开场白、主要问题、追问点以及结束语等部分。在制订提纲时，还需注意问题的逻辑性、层次性和连贯性，以确保采访过程能够流畅。

（五）测试采访工具与平台

在正式采访前，记者应提前测试所选用的采访工具与平台，确保其能正常运行、音质清晰、画面稳定。测试过程中，记者还需注意检查网络连接、设备音量、摄像头角度等细节问题，以避免在采访过程中出现技术故障或影响采访效果。

（六）准备备份方案

考虑到远程采访可能受到网络波动、设备故障等多种因素影响，记者应提前准备备份方案。例如：准备另一台设备或备选平台，以便在出现问题时能够迅速切换到备用方案，确保采访不受影响。

（七）营造适宜的采访氛围

虽然远程采访无法像面对面采访那样营造真实的现场氛围，但记者仍可以通过一些方式来提升采访的舒适度与专业性。例如：选择一个安静、整洁的采访环境，保持背景简洁、无干扰；穿着得体、整洁，展现专业形象；调整摄像头角度和光线，确保画面清晰、自然。

（八）保持沟通与协调

在准备远程采访的过程中，记者应与受访者保持密切沟通与协调，及时告知其采访安排、注意事项以及可能的变动情况，确保双方对采访流程有充分的了解和准备同时，记者也要尊重受访者的意见和建议，根据实际情况调整采访计划。

（九）进行模拟采访与反思

在正式采访前，记者可以邀请同事或朋友进行模拟采访，以检验采访提纲的可行性和采访技巧的运用情况。通过模拟采访，记者可以发现并改进存在的问题和不足，提高正式采访的效果和质量。同时，也要在每次采访后进行反思和总结，积累经验教训，为今后的远程采访工作提供借鉴。

二、在线交流平台的选择与运用

在新媒体时代，在线交流平台以其独特的优势，逐渐成为新闻采访、信息交流以及知识分享的重要工具。通过在线交流平台，人们可以突破地域限制，实现实时互动，极大地提升信息传递的效率和质量。然而，不同的在线交流平台具有不同的特点和适用场景，如何选择合适的平台并有效地运用它们，成为当前需要关注的重要问题。

（一）在线交流平台的分类与特点

在线交流平台种类繁多，根据功能、用途和用户群体等因素，可以将其大致分为以下几类：

即时通信工具：如微信、QQ等，这类平台以实时聊天为主要功能，具有操作简单、沟通便捷的特点，适用于日常沟通、小型团队协作等场景。

社交媒体平台：如微博、抖音等，这类平台以信息发布、内容分享为主要功能，具有用户基数大、传播速度快的特点，适用于新闻发布、品牌推广等场景。

专业论坛与社区：如知乎、豆瓣等，这类平台以知识分享、学术交流为主要功能，具有专业性强、用户黏性高的特点，适用于行业探讨、学术研究等场景。

在线会议平台：如腾讯会议等，这类平台以远程会议、在线教育为主要功能，具有画质清晰、互动性强的特点，适用于大型会议、远程培训等场景。

（二）在线交流平台的选择依据

选择合适的在线交流平台，需要综合考虑以下几个因素：

目标受众：不同的平台有不同的用户群体，需要根据目标受众的喜好和习惯来选择平台。例如：面向年轻人的内容可能更适合在抖音等短视频平台发布，而面向专业人士的内容则更适合在知乎等论坛发布。

交流需求：不同的交流需求对应不同的平台功能。如果需要实时沟通，可以选择即时通信工具；如果需要发布新闻或推广品牌，可以选择社交媒体平台；如果需要进行专业探讨或学术交流，可以选择专业论坛与社区；如果需要组织远程会议或培训，可以选择在线会议平台。

平台特点：不同平台在界面设计、操作便捷性、隐私保护等方面各有优劣。在选择平台时，需要考虑这些因素对用户体验的影响。例如，一些平台可能具有更好的画质和音质，适合进行高质量的远程会议；而另一些平台可能更注重隐私保护，适合处理敏感信息。

（三）在线交流平台的运用策略

在选择了合适的在线交流平台后，还需要掌握一些有效的运用策略，以充分发挥平台的优势。

制定明确的交流目标：在使用在线交流平台前，需要明确交流的目标和预期效果。这有助于制定有针对性的交流策略，提高交流效率。

优化内容呈现方式：根据平台的特点和用户习惯，优化内容的呈现方式。例如：在社交媒体平台上发布内容时，可以运用短视频、图文结合等形式来吸引用户的注意力；在专业论坛中发布内容时，则需要注重内容的深度和专业性。

保持积极互动：在线交流平台的核心价值在于互动。因此，在使用平台时，需要积极回应用户的问题和反馈，与用户建立良好的互动关系。这不仅可以提升用户体验，还有助于扩大平台的影响力。

遵守平台规则：不同的平台有不同的使用规则和政策。在使用在线交流平台时，需要遵守平台的规则，避免违规行为导致的账号被封禁或其他不良后果。

三、远程采访中的沟通技巧

在新闻采访工作中，远程采访已成为一种常见且高效的采访方式。通过远程采访，记者能够突破地域限制，与受访者进行实时交流，获取第一手资料。然而，由于远程采访的特殊性，记者需要掌握一些特殊的沟通技巧，以确保采访的顺利进行和信息的准确传递。

（一）建立信任与亲近感

在远程采访中，由于双方无法面对面交流，建立信任与亲近感显得尤为重要。记者应首先通过礼貌的问候和自我介绍，打破初次交流的陌生感。在采访过程中，记者应保持亲切、友好的语气，让受访者感受到自己的诚意和专业性。同时，记者还可以通过询问受访者的兴趣爱好、工作经历等话题，拉近彼此的距离，建立更深的联系。

（二）清晰准确地提问

提问是远程采访的核心环节。记者应确保自己的问题清晰、准确，避免使用模糊或有歧义的词汇。在提问时，记者应注意问题的逻辑性和层次性，以便引导受访者逐步深入回答。此外，记者还应根据受访者的回答，灵活调整问题的方向和深度，确保采访内容的丰富性和深度。

（三）倾听与回应

在远程采访中，倾听与回应同样重要。记者应认真倾听受访者的回答，理解其观点和立场。在倾听过程中，记者可以通过点头、微笑等表情或肢体语言，表达自己的关注和认同。同时，记者还应适时给予回应，如提问、总结或表达意见等，以激发受访者的谈话兴趣，推动采访的深入进行。

（四）注意语言表达与语速控制

在远程采访中，语言表达和语速控制对于信息的准确传递至关重要。记者应使用简洁、明了的语言，避免使用过于复杂或专业的词汇，以免给受访者带来理解上的困难。同时，记者还应控制自己的语速，保持适中的节奏，确保受访者能够跟上自己的思路。

（五）应对技术问题与干扰

远程采访过程中，技术问题与干扰是不可避免的。记者应提前测试采访工具和设备，确保其正常运行。在采访过程中，如遇到信号不稳定、音质不佳等问题，记者应保持冷静，迅速调整设备或寻找备用方案，以确保采访的顺利进行。同时，记者还应学会应对受访者的临时离开、网络中断等突发情况，灵活调整采访计划。

（六）尊重受访者隐私与意愿

在远程采访中，尊重受访者的隐私和意愿是采访的基本原则。记者应严格遵守采访协议，不泄露受访者的个人信息和敏感内容。在采访过程中，如遇到受访者不愿回答或涉及个人隐私的问题，记者应尊重其意愿，避免强行追问。同时，记者还应保护受访者的知识产权，避免未经授权使用其言论或作品。

（七）后期整理与反馈

远程采访结束后，记者应及时整理采访内容，确保信息的准确性和完整性。在整理过程中，记者可以对采访录音或视频进行剪辑、整理，提炼出关键信息和观点。同时，记者还应将采访成果及时反馈给受访者，表达感谢和认可，以维护良好的合作关系。

四、远程采访的后续处理与跟进

远程采访作为新闻采集的一种重要方式，不仅突破了地域限制，提高了采访效率，同时也为新闻工作者带来了全新的挑战。在完成远程采访后，后续的处理与跟进工作同样至关重要。

（一）采访素材的整理与筛选

远程采访结束后，新闻工作者面临的首要任务是对采访素材进行整理与筛选。这包括对采访录音、视频和文字资料的收集、分类和整理。在整理过程中，新闻工作者需要仔细聆听录音、观看视频，确保素材的完整性和准确性。同时，根据报道主题和需要，筛选出关键信息和精彩片段，为后续的新闻写作和编辑提供有力支持。

（二）新闻稿件的撰写与编辑

在整理好采访素材后，新闻工作者需要根据素材内容和报道需求，撰写新闻稿件。在撰写过程中，要注意以下几点：

首先，要确保稿件的客观性、公正性和准确性。新闻工作者需要遵循新闻职业道德，对采访内容进行客观、真实的报道，避免主观臆断和歪曲事实。

其次，要注重稿件的逻辑性和条理性。新闻稿件需要清晰明了地呈现采访内容，合理安排段落和布局，使读者能够轻松理解报道内容。

最后，要注重稿件的可读性和吸引力。新闻工作者可以通过使用生动的语言、形象的描绘和具体的案例，使稿件更加生动有趣，吸引读者的阅读兴趣。

在撰写完新闻稿件后，还需要进行多次编辑和校对，确保稿件的文字表达准确、流畅，避免出现错别字、语病等错误。

（三）采访成果的发布与推广

完成新闻稿件的撰写与编辑后，新闻工作者需要将采访成果进行发布与推广。这可以通过多种渠道实现，如报纸、电视、广播、网站等。在发布过程中，新闻工作者需要根据不同媒体的特点和受众需求，选择合适的发布方式和时机。

同时，为了扩大采访成果的影响力和传播范围，新闻工作者还可以利用社交媒体、新闻 App 等新媒体平台进行推广，通过发布相关话题、互动评论等方式，吸引更多读者的关注和参与，提高新闻报道的曝光度和传播效果。

（四）采访反馈的收集与分析

在发布采访成果后，新闻工作者还需要关注读者的反馈和意见。这可以通过设立读者信箱、在线调查、社交媒体互动等方式进行收集。通过对反馈信息进行整理和分析，新闻工作者可以了解读者对采访内容的关注点和兴趣点，以及他们对报道的评价和建议。

这些信息对新闻工作者来说具有重要的参考价值。一方面，它可以帮助新闻工作者了解受众的需求和喜好，为今后的采访和报道提供有益的指导；另一方面，它可以帮助新闻工作者发现报道中存在的问题和不足，及时进行改进和优化。

（五）后续跟进与深度报道

远程采访往往只是新闻报道的起点，而非终点。在采访成果发布后，新闻工作者还需要根据读者的反馈和报道效果，进行后续的跟进与深度报道。

对于一些重要的采访对象或事件，新闻工作者可以通过后续的远程采访或实地走访等方式，获取更多的信息，进行更加深入和全面的报道。这不仅可以提高新闻报道的质量，还可以增强读者对新闻事件的认知和理解。

在完成远程采访的后续处理与跟进工作后，新闻工作者还需要对整个过程进行总结与反思。这包括对采访过程中的经验教训进行总结，对后续处理与跟进工作中的问题进行反思，以及对未来工作的规划和展望。

通过总结与反思，新闻工作者可以不断提高自己的采访技巧和后续处理能力，为今后的新闻工作积累更多的经验和教训。同时，也可以不断优化新闻报道的流程和质量，提升新闻媒体的影响力和竞争力。

第二节　社交媒体上的采访策略

一、社交媒体平台的选择与利用

随着互联网的快速发展，社交媒体平台已经成为人们日常生活中不可或缺的一部分。它们不仅为人们提供了交流、分享和获取信息的渠道，同时也为企业、组织和个人提供了展示自我、推广产品和服务的平台。然而，面对诸多的社交媒体平台，如何选择合适的平台并有效地利用它们，成为当前需要关注的重要问题。

（一）社交媒体平台的分类与特点

社交媒体平台种类繁多，功能各异。根据用户类型、功能特点和应用场景等因素，可以将社交媒体平台大致分为以下几类：

社交网络平台：如微博、微信等，以文字、图片、视频等多种形式展示内容，用户之间可以互相关注、点赞、评论等，实现信息的广泛传播。这类平台适合个人或企业发布动态、分享观点、推广品牌。

图片分享平台：如小红书、LOFTER 等，以图片为主要形式，用户可以通过上传、分享图片来展示自己的生活、兴趣或产品。这类平台适合视觉创意类内容的展示和推广。

视频分享平台：如抖音、快手等，以短视频为主要形式，用户可以创作、分享各种有趣的视频内容。这类平台适合快速传播信息、展示产品或服务的特点和优势。

专业社交平台：如知乎、脉脉等，以某一特定领域或行业的人群为目标用户，提供专业化的信息分享、交流和学习功能。这类平台适合行业人士、专业人士进行深度交流和合作。

（二）社交媒体平台的选择依据

选择合适的社交媒体平台需要考虑以下因素：

目标受众：了解目标受众的年龄、性别、兴趣、职业等特征，选择他们常用的社交媒体平台。例如：年轻人更喜欢使用抖音、快手等短视频平台，而职场人士则更倾向于使用微信、知乎等专业社交平台。

平台特点：分析不同社交媒体平台的功能、用户活跃度、内容形式等特点，选择最符合自己需求的平台。例如：如果需要展示产品细节和效果，可以选择图片分享平台；如果需要快速传播信息，可以选择视频分享平台。

竞争态势：了解竞争对手在哪些社交媒体平台上进行推广，分析他们的推广策略和效果，选择与之竞争或避开竞争的平台。这有助于在激烈的市场竞争中脱颖而出。

资源投入：考虑在社交媒体平台上进行推广所需的时间、精力和预算等资源投入，选择适合自己能力范围的平台。不同平台所需投入的资源不同，需要根据实际情况进行选择。

（三）社交媒体平台的利用策略

选择了合适的社交媒体平台后，还需要掌握有效的利用策略，以充分发挥平台的作用。

明确目标与定位：在利用社交媒体平台之前，需要明确自己的目标和定位，确定希望通过平台实现什么目的，以及自己在平台上的角色和定位。这有助于制定有针对性的推广策略。

内容策划与创作：根据平台特点和目标受众需求，策划和创作高质量的内容。内容应具有吸引力、独特性和价值性，能够引起用户的关注和共鸣。同时，注意保持内容更新频率和稳定性，以维持用户的关注度。

互动与沟通：在社交媒体平台上积极与用户互动和沟通，回应用户的评论、私信和反馈。这有助于建立良好的用户关系，增强用户忠诚度和满意度。同时，通过互动了解用户需求和市场动态，为后续的推广策略调整提供依据。

数据分析与优化：利用社交媒体平台提供的数据分析工具，对推广效果进行监测和分析。根据数据分析结果，调整推广策略、优化内容形式和发布时间等，以提高推广效果和降低成本。

二、社交媒体上的采访对象筛选

在新闻采访工作中，选择合适的采访对象至关重要。随着社交媒体的普及和发展，越来越多的新闻工作者开始利用社交媒体平台来筛选和联系采访对象。社交媒体不仅提供了丰富的信息资源，还使得新闻工作者能够更加便捷地与潜在采访对象建立联系。然而，如何在海量的社交媒体用户中筛选出合适的采访对象，仍然是一个需要探讨的问题。

（一）社交媒体的特点及其对采访对象筛选的影响

社交媒体以其开放性、互动性和实时性等特点，为新闻工作者提供了广阔的信息来源和便捷的沟通渠道。在社交媒体平台上，用户可以自由发布信息、分享观点、互动交流，形成了一个庞大的信息网络。这使得新闻工作者可以通过社交媒体快速了解潜在采访对象的基本信息、观点立场和社交关系等，为采访对象的筛选提供了丰富的参考依据。

然而，社交媒体的开放性也带来了信息真假难辨的问题。在社交媒体上，用户可以匿名发布信息，这使得虚假信息、谣言等得以传播。因此，在筛选采访对象时，新闻工作者需要谨慎辨别信息的真伪，避免受到虚假信息的误导。

（二）采访对象筛选的标准

在社交媒体上筛选采访对象时，新闻工作者需要遵循一定的标准，以确保采访的质量和效果。以下是一些常见的筛选标准：

专业性与权威性：采访对象应具备与采访主题相关的专业知识或经验，能够在采访中提供有价值的信息和观点。同时，其权威性和影响力也是衡量其是否适合作为采访对象的重要因素。

代表性与多样性：采访对象应具有一定的代表性，能够反映其所在群体或领域的普遍情况和观点。此外，为了获得更全面的信息，新闻工作者还应关注采访对象的多样性，包括性别、年龄、地域、职业等方面的差异。

可用性与配合度：采访对象应具备接受采访的条件和意愿，能够配合新闻工作者完成采访任务。这包括时间安排、沟通方式、采访形式等方面的配合。

（三）社交媒体上采访对象的筛选方法

在社交媒体上筛选采访对象时，新闻工作者可以采用以下几种方法：

关键词搜索：根据采访主题或相关话题，在社交媒体平台上进行关键词搜索，找到与之相关的用户或讨论。通过浏览这些用户的主页、发布的信息以及参与的讨论，可以初步筛选出具有潜在价值的采访对象。

话题标签筛选：社交媒体上的话题标签（如微博的话题标签）是聚集相关讨论和内容的重要工具。新闻工作者可以通过关注与采访主题相关的话题标签，找到参与讨论的用户，并从中筛选出合适的采访对象。

社交关系挖掘：通过查看潜在采访对象的社交关系网络，可以发现与其有联系的其他用户或组织。这些用户或组织可能具有与采访主题相关的专业知识或经验，因此也可以作为潜在的采访对象。

互动与反馈：在初步筛选出潜在的采访对象后，新闻工作者可以通过私信、评论等方式与他们进行互动，了解其对采访的态度和意愿，同时，也可以关注他们的反馈和建议，进一步优化采访对象的筛选工作。

（四）注意事项

在社交媒体上筛选采访对象时，新闻工作者需要注意以下几点：

尊重隐私与权益：在筛选采访对象的过程中，新闻工作者应尊重用户的隐私和权益，避免侵犯其个人信息和合法权益。在获取用户信息时，应遵循相关法律法规和平台规定，确保信息的合法性和安全性。

谨慎辨别信息真伪：如前所述，社交媒体上的信息存在真假难辨的问题。因此，在筛选采访对象时，新闻工作者需要谨慎辨别信息的真伪，避免受到虚假信息的误导。新闻工作者可以通过多渠道核实信息、查看用户的历史发布记录等方式来提高信息的可信度。

保持专业与礼貌：在与潜在采访对象进行互动和沟通时，新闻工作者应保持专业和礼貌的态度，尊重对方的意愿和感受，避免因使用不当言辞或行为而给对方造成困扰或不适。

灵活调整筛选策略：随着社交媒体平台的发展和用户行为的变化，采访对象的筛选策略也需要不断调整和优化。新闻工作者应密切关注社交媒体平台的动态和趋势，灵活调整筛选策略，以适应新的环境和需求。

三、社交媒体采访的提问技巧

随着社交媒体平台的普及与发展，越来越多的新闻工作者利用这些平台来开展采访工作。相较于传统的面对面采访，社交媒体采访具有其独特的优势，如灵活性、时效性以及受众覆盖的广泛性。然而，正因为其特殊的形式，社交媒体采访在提问技巧上呈现出一些独特的要求。

（一）了解平台特性与受众特点

在进行社交媒体采访前，新闻工作者首先需要深入了解所使用平台的特性，包括其用户群体、内容形式、互动方式等。不同平台有不同的文化氛围和用户习惯，因此提问方式也应随之调整。例如：微博等文字类平台适合提出有深度、详细的问题，而抖音等短视频平台则更适合简洁明了、直击要点的提问。

同时，了解目标受众的特点也至关重要。这包括他们的年龄、性别、兴趣、职业等，以便新闻工作者能够提出更符合他们需求和兴趣的问题，增强采访的吸引力和传播效果。

（二）制定明确且有针对性的问题

社交媒体采访的成功与否，很大程度上取决于问题的质量。新闻工作者需要制定明确且有针对性的问题，确保能够引导被采访者给出有价值的回答。问题应紧扣采访主题，避免偏离中心；同时，要考虑被采访者的背景和专长，提出能够引发深入讨论的问题。

此外，问题的层次性也很重要。可以从宏观到微观、从抽象到具体，逐步引导被采访者展开论述。这不仅有助于丰富采访内容，还能使受众更好地理解采访主题。

（三）保持语言的简洁与清晰

社交媒体采访通常以文字或语音的形式进行，因此新闻工作者需要特别注意语言的简洁与清晰。问题应避免冗余和复杂的句式，用简洁明了的语言表达清楚意图。同时，要注意使用通俗易懂的词汇，避免使用过于专业或生僻的术语，以确保被采访者和受众都能轻松理解。

（四）注重问题的开放性与引导性

开放性问题是社交媒体采访中非常重要的一类问题。这类问题通常没有固定的答案，能够引导被采访者发表自己的观点和看法。通过提出开放性问题，新闻工作者可以激发被采访者的思考，获取更深入、更个性化的回答。

同时，引导性问题也必不可少。这类问题旨在引导被采访者按照特定的方向或思路进行回答，有助于控制采访节奏和走向。通过巧妙运用引导性问题，新闻工作者可以确保采访内容符合预期，同时又不失灵活性和深度。

（五）掌握倾听与回应的艺术

在社交媒体采访中，倾听与回应同样重要。新闻工作者需要认真倾听被采访者的回答，理解其观点和感受，并在适当的时候给予回应。这不仅可以表达对被采访者的尊重，还能促进双方的互动和交流。

在回应时，新闻工作者可以通过肯定、提问或总结等方式来进一步引导对话。例如：可以用"您说得很有道理"来肯定被采访者的观点，或者用"您能再详细解释一下这个问题吗？"来提出进一步的问题。

（六）控制采访节奏与氛围

社交媒体采访虽然具有灵活性，但也容易因为缺乏面对面的交流而显得单调或冷场。因此，新闻工作者需要学会控制采访的节奏和氛围，确保采访顺利进行。

一方面，可以通过调整问题的节奏和难度来控制采访进程。在采访中适时插入轻松幽默的问题，可以缓解紧张气氛，提高采访的趣味性。另一方面，要注意与被采访者保持良好的互动，及时回应其反馈，以营造轻松愉快的采访氛围。

（七）遵守职业道德与尊重隐私

在进行社交媒体采访时，新闻工作者还需要遵守职业道德和尊重隐私。这包括尊重被采访者的意愿和隐私，避免提出过于敏感或私人化的问题；同时，要遵循真实、客观、公正的原则，确保采访内容的真实性和可信度。

总之，社交媒体采访的提问技巧涉及多个方面，包括了解平台特性与受众特点、制定明确且有针对性的问题、保持语言的简洁与清晰、注重问题的开放性与引导性、掌握倾听与回应的艺术、控制采访节奏与氛围以及遵守职业道德与尊重隐私等。通过不断实践和总结，新闻工作者可以逐渐掌握这些技巧，提高社交媒体采访的质量和效果。

四、社交媒体采访的信息核实与整理

随着社交媒体的普及，越来越多的新闻工作者选择在这些平台上进行采访。然而，社交媒体信息的真实性和准确性常常受到质疑，因此，信息核实与整理在社交媒体采访中具有至关重要的地位。

（一）社交媒体采访信息核实的步骤与方法

在进行社交媒体采访时，新闻工作者应尽可能多地获取和核实信息源。这包括查看被采访者的个人资料、历史发言记录、其他相关报道等，以判断其信息的真实性和可信度。同时，也可以与其他知情人士或专家进行交流，从多个角度验证信息的准确性。

对于社交媒体上的信息，新闻工作者需要深入剖析其内容，判断其是否符合逻辑，是否有明显的漏洞或矛盾。例如：可以通过分析数据的来源和计算方法、检查图片的拍摄时间和地点等方式，来验证信息的真实性。

新闻工作者可以利用一些专业的工具来辅助信息核实。例如：使用搜索引擎进行关键词搜索，查找相关信息和线索；利用数据分析工具对社交媒体上的数据进行深入挖掘和分析；还可以借助第三方机构或平台提供的验证服务，对信息进行权威性的核实。

（二）社交媒体采访信息整理的要点与技巧

在进行社交媒体采访后，新闻工作者需要对收集到的信息进行梳理和分类。这包括按照主题、时间线或逻辑关系等方式，将信息组织成清晰、连贯的脉络。通过梳理信息脉络，可以帮助读者更好地理解采访内容和背景。在信息整理过程中，新闻工作者需要提炼出被采访者的核心观点和看法。这有助于凸显采访的重点和亮点，提高报道的吸引力和传播效果，同时，也要注意避免过度解读或歪曲被采访者的原意。

由于社交媒体采访往往涉及多个平台的信息，新闻工作者需要将这些信息进行整合和融合。这要求新闻工作者熟悉不同平台的规则和文化，了解各平台用户的特点和需求，以便更好地将不同平台的信息进行有机融合。在信息整理过程中，新闻工作者还需要注重信息的呈现方式。这包括选择合适的文字、图片、视频等媒介形式，以及合理的排版和布局，使信息更加易于阅读和理解。同时，也要注意保持信息的客观性和中立性，避免过度渲染或主观臆断。

（三）注意事项与伦理原则

在进行社交媒体采访和信息核实与整理过程中，新闻工作者应始终尊重被采访者的隐私和权益。未经被采访者同意，不得擅自公开其个人信息或敏感内容。同时，也要遵守相关法律法规和平台规定，确保采访和报道的合法性。

新闻工作者在进行社交媒体采访和信息核实与整理时，应保持客观公正的态度，避免受到个人情感或立场的影响。要尊重事实真相，不夸大、不缩小、不歪曲事实，确保报道的准确性和公正性。

随着社交媒体的不断发展和变化，新闻工作者需要不断提升自己的专业素养和能力。这包括加强对社交媒体平台的研究和了解、掌握先进的信息核实与整理技术、提高文字表达和视觉呈现能力等方面。通过不断学习和实践，新闻工作者可以更好地应对社交媒体采访的挑战，提高报道的质量和影响力。

第三节 面对面采访在新媒体环境下的调整

一、新媒体环境下面对面采访的变化

在新媒体蓬勃发展的当下，传统媒体的格局正在经历深刻的变革。作为新闻采

集与报道的核心环节，面对面采访也在这一变革中呈现出诸多新的变化。

（一）新媒体环境对面对面采访的影响

新媒体环境的崛起，使得信息传播的速度、广度和深度都发生了显著变化。这一变化对面对面采访产生了深远影响，主要体现在以下几个方面：

在新媒体环境下，新闻工作者可以通过互联网、社交媒体等多种渠道获取信息，这使面对面采访不再是获取信息的唯一途径。然而，这并不意味着面对面采访的地位被削弱，相反，它在新媒体环境中扮演着更加重要的角色。因为面对面的交流能够更深入地了解被采访者的真实想法和感受，获取更为丰富、生动的素材。

新媒体环境为面对面采访提供了更多的可能性。例如：通过网络视频采访，新闻工作者可以跨越地域限制，与被采访者进行实时交流；通过直播采访，观众可以实时观看采访过程，增强互动性和参与感。这些新的采访形式不仅丰富了新闻报道的手段，也提高了采访的效率和传播效果。

新媒体环境下，受众对于新闻报道的需求也在发生变化。他们更加关注新闻的时效性、真实性和深度，对新闻工作者的专业素养和采访能力提出了更高的要求。因此，新闻工作者需要不断提升自己的采访技巧，以更好地满足受众的需求。

（二）面对面采访在新媒体环境下的变化

在新媒体环境的冲击下，面对面采访也在多个方面发生了显著变化。

在新媒体环境下，新闻工作者需要更加注重采访技巧与策略的运用。他们需要更加敏锐地捕捉被采访者的言外之意，通过巧妙的提问引导被采访者表达真实想法。同时，他们还需要学会运用新媒体工具进行辅助采访，如使用录音笔、摄像机等设备记录采访过程，以便后续整理和分析。

新媒体环境为面对面采访提供了更多的内容和形式选择。新闻工作者可以根据报道主题和受众需求，设计更具针对性和创新性的采访问题。同时，他们还可以结合新媒体的特点，采用图文、声视频等多种形式呈现采访内容，使报道更加生动、有趣。

新媒体环境下，面对面采访的互动性和传播性得到了显著提升。新闻工作者可以通过社交媒体等平台与被采访者和受众进行实时互动，收集反馈意见，优化报道内容。此外，他们还可以利用新媒体的传播优势，将采访内容迅速传播到更广泛的受众群体中，提高报道的影响力和传播效果。

（三）面对新媒体环境，新闻工作者如何提升面对面采访能力

在新媒体环境下，新闻工作者需要不断提升面对面采访能力，以适应这一变革。

以下是一些建议：

新闻工作者应不断提升自己的专业素养，包括新闻理论知识、采访技巧、新媒体应用等方面。可以通过参加专业培训、阅读专业书籍等方式，不断提高自己的业务水平和综合能力。在新媒体环境下，创新是新闻工作者的重要素质，新闻工作者应敢于尝试新的采访形式和内容，不断探索符合新媒体特点的报道方式，以满足受众的多元化需求。

面对面采访需要新闻工作者具备良好的互动与沟通能力。他们应学会倾听被采访者的意见和想法，尊重其观点和情感，同时善于表达自己的观点和立场，与被采访者建立良好的沟通关系。在新媒体环境下，新闻工作者需要更加注重团队协作与资源整合，应与其他新闻工作者、媒体机构等建立紧密的合作关系，共同策划和实施采访报道，实现资源共享和优势互补。

新媒体环境给面对面采访带来了诸多新的挑战和机遇。新闻工作者需要不断适应这一变革，提升自己的专业素养和采访能力，以更好地满足受众的需求和推动新闻事业的发展。同时，他们还应积极探索新的采访形式和内容，为受众提供更加优质、丰富的新闻报道。

二、面对面采访的现场准备与应对

面对面采访是新闻工作中不可或缺的一环，它不仅要求新闻工作者具备扎实的专业知识和技能，更需要其在现场准备与应对方面做到周全而细致。

（一）面对面采访的现场准备

在进行面对面采访之前，新闻工作者首先要明确采访的目的和主题。这有助于确定采访的重点和方向，使采访更有针对性和实效性。同时，明确采访目的和主题也有助于与被采访者建立良好的沟通基础，确保采访的顺利进行。在采访前，新闻工作者需要对被采访者进行深入的了解。这包括被采访者的基本信息、职业背景、观点立场等。通过了解被采访者，新闻工作者可以更好地把握采访的切入点和提问方式，避免在采访中出现尴尬或冷场的情况。

一份详细的采访提纲和问题是确保采访顺利进行的关键。新闻工作者需要根据采访目的和主题，结合被采访者的特点，制定一份切实可行的采访提纲。在准备问题时，要注意问题的针对性和连贯性，确保能够引导被采访者进行深入的思考和回答。在采访前，新闻工作者需要检查采访设备是否齐全、完好，包括录音设备、摄影设备等，同时，还要检查采访环境是否安全、舒适，确保采访过程中不会出现意外情况。如有需要，可以提前与被采访者沟通，了解其对采访环境的要求和建议。

（二）面对面采访的现场应对

在采访过程中，新闻工作者要始终保持专业与礼貌的态度。要尊重被采访者的观点和感受，避免使用不当的言辞或行为，也要保持自己的专业素养，确保采访的规范性和准确性。面对面采访中难免会出现一些突发情况，如被采访者情绪激动、回答含糊等。在这些情况下，新闻工作者需要保持冷静，灵活应对，可以通过调整提问方式、给予适当引导等方式，使采访回到正轨，也要学会倾听和理解被采访者的真实想法和感受，尊重其个性和差异。

在采访中，新闻工作者的言行举止和沟通技巧至关重要。要注意自己的仪表和气质，展现出专业、自信的形象，也要善于运用沟通技巧，如提问、倾听、反馈等，与被采访者建立良好的沟通关系。在提问时，要注意问题的针对性和深度，避免过于简单或复杂；在倾听时，要全神贯注地理解被采访者的回答，捕捉其中的关键信息和观点；在反馈时，要及时给予肯定和鼓励，增强被采访者的信心和表达欲望。在采访过程中，新闻工作者需要时刻保持警觉，记录重要信息和细节。可以使用录音笔、笔记本、电脑等工具进行记录，也可以通过观察被采访者的表情、动作等细节来捕捉其真实想法和感受。这些信息和细节对于后续的报道撰写和分析具有重要意义。

在采访中，新闻工作者要始终尊重被采访者的隐私和权益。不得擅自公开其个人信息或敏感内容，也不得进行过度追问或侵犯其合法权益的行为，也要遵守相关法律法规和职业道德规范，确保采访的合法性和公正性。

每次面对面采访结束后，新闻工作者都应该进行总结与反思。这包括对采访过程的回顾、对采访效果的评估及对自身表现的反思。通过总结与反思，新闻工作者可以发现自己在采访中的不足之处，进而不断提升自己的采访技能和应对能力。同时，总结与反思也可以为未来的采访工作提供有益的借鉴和参考。

三、面对面采访中的深度挖掘技巧

在新闻采访中，面对面采访以其直接、真实的特点，成为获取深度信息和独家内容的重要途径。然而，要想在面对面采访中挖掘出有价值的深度信息并非易事。这需要新闻工作者掌握一系列深度挖掘技巧，以便更好地引导被采访者，揭示事件的真相和背景。

（一）充分准备与背景调研

在进行面对面采访前，充分的准备和背景调研是必不可少的。新闻工作者需要对被采访者及其相关事件进行深入的研究，了解其基本情况、观点立场、历史背景等，通过查阅相关资料、观看相关视频、阅读相关报道等方式，获取尽可能多的信息。这样，新闻工作者在采访中就能更加准确地把握问题的关键，提出有针对性的问题，引导被采访者进行深入思考。

（二）构建信任与沟通的桥梁

在面对面采访中，构建信任与沟通的桥梁至关重要。新闻工作者需要通过真诚友好的态度与被采访者建立良好的关系。在采访开始时，可以通过简单的寒暄、问候等方式，拉近与被采访者的距离。在采访过程中，要尊重被采访者的观点和感受，避免使用攻击性或挑衅性的言辞。通过倾听、理解、反馈等方式，与被采访者建立有效的沟通机制，使其愿意分享更多的信息和想法。

（三）提出开放性与引导性问题

在面对面采访中，问题的提出是关键。新闻工作者需要掌握提出开放性与引导性问题的技巧。开放性问题能够激发被采访者的思考，引导其深入阐述观点和经历。例如：可以使用"为什么""如何""你觉得"等词语，引导被采访者分享更多的细节和感受。同时，引导性问题也是必要的，它们可以帮助新闻工作者将话题引向特定的方向，揭示事件的真相和背景。在提出引导性问题时，要注意避免过于直接或突兀，以免让被采访者感到不适或反感。

（四）敏锐观察与捕捉细节

面对面采访中，新闻工作者需要时刻保持敏锐的观察力，捕捉被采访者的言行举止、表情变化等细节。这些细节往往能够揭示被采访者的真实想法和情感状态，为新闻报道提供更加丰富、深入的内容。同时，通过观察现场环境、布局等因素，也能为采访增添更多背景和元素。因此，新闻工作者需要时刻保持警觉，注意观察并记录这些细节。

（五）倾听与回应技巧

在面对面采访中，倾听与回应同样重要。新闻工作者需要学会倾听被采访者的回答，理解其观点和感受。在倾听过程中，要保持耐心和专注，避免打断被采访者或急于发表自己的观点。同时，新闻工作者要学会用简洁明了的语言回应被采访者，肯定其回答并鼓励其继续分享。通过有效的倾听与回应，可以建立起与被采访者的良好互动关系，使采访更加顺畅和深入。

（六）适时追问与深入探究

在面对面采访中，适时追问和深入探究是获取深度信息的有效手段。当被采访者提到某个重要观点或事件时，新闻工作者可以适时追问其背后的原因、过程、影响等，以揭示更多细节和背景。同时，对于被采访者的模糊回答或矛盾之处，也要敢于提出疑问并深入探究，以获取更加真实、准确的信息。

（七）注意采访节奏与氛围控制

面对面采访的节奏和氛围对于采访效果有着重要影响。新闻工作者需要根据被采访者的性格、情绪等因素，灵活调整采访节奏和氛围。在采访过程中，要保持适当的语速和语调，避免过于紧张或过于轻松。同时，要注意控制采访时间，避免过长或过短导致信息不足或疲劳过度。注重营造轻松、愉快的采访氛围，使被采访者更加轻松、自然地分享信息和想法。

（八）后期整理与分析

面对面采访结束后，新闻工作者还需要对采访内容进行后期整理与分析。这包括对采访录音、笔记等资料的整理，对采访内容的梳理和归纳，以及对重要信息和细节的提炼和分析。通过后期整理与分析，可以发现采访中的亮点和不足之处，为后续的报道撰写提供有力支持。

四、面对面采访的后期整理与发布

面对面采访作为新闻工作中获取第一手资料的重要方式，其后期整理与发布环节同样至关重要。这一环节不仅是对采访内容的梳理与提炼，更是对新闻价值的深入挖掘与呈现。

（一）对采访内容的细致整理

采访结束后，新闻工作者首要的任务是对采访内容进行细致的整理。这包括将采访录音转化为文字，对采访笔记进行梳理和补充，以及对采访过程中拍摄的照片、视频等素材进行整理。在整理过程中，新闻工作者需要保持高度的专注和耐心，确保采访内容的完整性和准确性。同时，对于采访中的关键信息和细节，要进行重点标注和提炼，以便后续的分析和撰写。

（二）对内容的深度分析与提炼

整理完采访内容后，新闻工作者需要对其进行深度分析和提炼。这包括对采访内容的主题、观点、事实等进行梳理和归纳，对采访对象的言行举止、情感态度等进行解读和剖析，以及对采访中涉及的社会背景、行业趋势等进行深入研究。通过深度分析和提炼，新闻工作者能够挖掘出采访内容中的新闻价值和深层含义，为后续的报道撰写提供有力的支撑。

（三）对报道稿件的撰写与修改

在深度分析和提炼的基础上，新闻工作者开始撰写报道稿件。报道稿件应该紧扣采访主题，准确传达采访对象的观点和态度，同时注重新闻事实的客观性和准确性。在撰写过程中，新闻工作者需要注意语言的简练明了，避免冗余和歧义。同时，要注重报道的结构和逻辑，确保内容的连贯性和完整性。完成初稿后，新闻工作者还需要对稿件进行多次修改和打磨，以提升其质量和可读性。

（四）审核与校对

报道稿件撰写完成后，新闻工作者需要对其进行严格的审核与校对。这一环节旨在确保报道内容的准确性、客观性和完整性，避免出现事实错误、语言不当等问题。在审核过程中，新闻工作者需要重点关注报道的主题、事实、数据等方面，确保其真实可靠，还需要对报道的语言、格式、排版等进行校对，确保其符合新闻写作的规范和标准。

（五）对发布渠道的选择与策略

审核与校对后，报道稿件就可以进行发布了。在选择发布渠道时，新闻工作者需要根据报道的主题、受众群体及媒体定位等因素进行综合考虑。对于重大新闻或热点事件，可以选择在主流媒体或新闻网站进行发布，以扩大报道的影响力和传播范围。同时，也可以利用社交媒体、短视频平台等新媒体渠道进行传播，以吸引更多年轻受众的关注。在发布策略上，新闻工作者需要注意报道的时机和节奏，确保报道能够及时、有效地传达给受众。

（六）反馈与效果评估

稿件发布后，新闻工作者还需要对报道的反馈和效果进行评估。这包括关注受众的评论、点赞、转发等互动行为，了解受众对报道的看法和态度；同时，也需要关注报道的浏览量、转发量、点赞量等数据指标，以评估报道的传播效果和影响力。通过反馈与效果评估，新闻工作者可以了解报道的优点和不足，为今后的采访和报道工作提供有益的参考和借鉴。

（七）版权保护与法律责任

在后期整理与发布过程中，新闻工作者还需要注意版权保护和法律责任问题。对于采访内容中的原创性信息、图片、视频等素材，要确保其版权归属清晰，避免侵犯他人的知识产权。同时，在发布报道时，要遵守相关的法律法规和行业规定，确保报道内容的合法性和合规性。对于可能出现的法律纠纷或侵权问题，新闻工作者需要及时咨询专业律师或法律顾问，以维护自身的合法权益。

第四节 采访中的提问艺术与沟通技巧

一、采访提问的基本原则

采访提问是新闻工作中至关重要的环节，它直接关系到采访的成败及新闻报道的质量。因此，新闻工作者在进行采访时，必须遵循一系列基本原则，以确保提问的有效性和针对性。

（一）准备充分，做到知己知彼

在进行采访前，新闻工作者需要充分准备，对被采访者及其相关事件进行深入的研究和了解。这包括查阅相关资料、观看相关视频、阅读相关报道等，以便掌握被采访者的基本情况、观点立场及事件背景。通过充分的准备，新闻工作者可以更加准确地把握问题的关键，提出有针对性的问题，引导被采访者进行深入思考。

（二）尊重被采访者，营造和谐氛围

在采访过程中，新闻工作者需要尊重被采访者的个人尊严和隐私权，避免提出过于敏感或具有冒犯性的问题。同时，要营造轻松、和谐的采访氛围，使被采访者愿意分享更多的信息和想法。通过真诚友好的态度，赢得被采访者的信任关系，为后续的采访工作打下良好的基础。

（三）明确采访目的，紧扣主题

新闻工作者在提问时需要明确采访目的，确保问题紧扣主题。在采访开始前，可以与被采访者沟通，明确采访的意图和范围，以便双方在采访中保持一致的方向。在提问过程中，要时刻关注主题，避免偏离重点，确保采访内容的连贯性和完整性。

（四）问题具体明确，避免笼统模糊

新闻工作者在提问时需要尽量做到具体明确，避免提出笼统模糊的问题。具体明确的问题可以帮助被采访者更好地理解问题的意图，从而给出更加准确、详细的回答。同时，具体明确的问题也有助于新闻工作者更好地把握采访的节奏和进度，确保采访的高效进行。

（五）循序渐进，逐步深入

在提问时，新闻工作者应遵循循序渐进的原则，逐步深入被采访者的思想和内心世界。可以先从简单、基础的问题开始，逐渐引导被采访者进入更深入的讨论。在提问过程中，要注意问题的层次性和逻辑性，确保问题之间的衔接和过渡自然流畅。

（六）客观公正，避免主观偏见

新闻工作者在提问时需要保持客观公正的态度，避免将个人主观偏见带入采访中。在提问过程中，要尊重被采访者的观点和立场，避免对其进行贬低或攻击。同时，要关注事实真相，避免受到外界舆论或偏见的影响，确保采访的公正性和客观性。

（七）避免引导性提问，保持中立性

引导性提问是采访中需要避免的一种情况。新闻工作者在提问时应保持中立性，避免提出具有引导性或暗示性的问题。引导性提问可能导致被采访者受到暗示或影响，从而给出不符合实际情况的回答。因此，新闻工作者需要谨慎选择问题，确保问题的中立性和客观性。

二、采访提问的技巧与方法

在新闻采访工作中，提问是获取信息的核心环节。一个优秀的新闻工作者需要掌握一套行之有效的提问技巧与方法，以便能够迅速、准确地从被采访者那里获取到有价值的信息。

（一）开放式与封闭式提问相结合

开放式提问是获取详细信息和深入了解被采访者观点的有效手段。这类问题通常较为宽泛，给予被采访者充分的发挥空间。例如：可以询问被采访者对于某个事件的看法、感受或经历等。通过开放式提问，新闻工作者可以获取丰富的内容，为报道提供充实的素材。

然而，开放式提问有时可能导致回答过于冗长或偏离主题。因此，在采访过程中，新闻工作者还需要结合封闭式提问来聚焦话题。封闭式提问通常是针对某个具体事

实或观点进行提问，答案相对固定和简洁。通过封闭式提问，新闻工作者可以迅速确认事实细节，或者引导被采访者回到主题上来。

（二）逐步深入与层层递进

在采访过程中，新闻工作者需要遵循逐步深入、层层递进的原则，引导被采访者逐步展开话题。初始阶段，可以从一些较为简单、基础的问题开始，帮助被采访者放松并进入状态。随着采访的深入，可以逐渐提出更具深度和挑战性的问题，以揭示被采访者的真实想法和深层含义。

在提问时，还需要注意问题的层次性和逻辑性。每个问题都应该与前一个问题相互衔接，形成一个完整的提问链条。这不仅可以使采访更加连贯和流畅，还可以帮助新闻工作者更好地把握采访节奏和进度。

（三）情感引导与共鸣

情感是采访中的重要因素，通过情感引导，新闻工作者可以激发被采访者的表达欲望，使其更加真诚地分享自己的经历和感受。在提问时，可以运用一些情感化的语言或表达方式，与被采访者建立情感联系，产生共鸣。同时，还需要注意观察被采访者的情绪变化，及时调整提问方式和语气，以保持采访的顺利进行。

然而，情感引导并不意味着过度渲染或煽动情绪。新闻工作者需要保持客观和冷静，确保采访内容真实可信。在情感引导的同时，也要注重事实核实和理性分析，以避免陷入主观偏见或情绪化的误区。

（四）尊重与倾听

尊重与倾听是采访提问中不可或缺的原则。在采访过程中，新闻工作者需要尊重被采访者的个人尊严和隐私权，避免提出具有冒犯性或侵犯性的问题。同时，要时刻保持倾听的姿态，认真关注被采访者的回答，理解其观点和感受。通过倾听，新闻工作者可以更好地把握被采访者的真实意图和需求，从而提出更有针对性和有深度的问题。

在倾听过程中，新闻工作者还需要注意非语言信息的传递。例如：可以通过眼神交流、面部表情和肢体语言等方式，向被采访者传递出尊重、理解和关注的态度。这样不仅可以增强与被采访者之间的信任关系，还可以提高采访的效果和质量。

（五）因人而异的提问方式

每个被采访者都有其独特的性格、经历和背景，因此，在采访提问时，新闻工作者需要根据被采访者的特点来灵活调整提问方式。对于性格内向或紧张的被采访者，可以采用温和、鼓励的提问方式，帮助其放松并逐渐打开心扉；对于性格外向或自信的被采访者，则可以采用更为直接或更具挑战性的提问方式，激发其深入思考和表达。

此外，针对不同领域的被采访者，新闻工作者还需要具备相应的专业知识和背景知识。这样不仅可以提出更有针对性的问题，还可以更好地理解和解读被采访者的回答。

三、采访中的沟通策略

在新闻采访工作中，沟通策略的运用至关重要。有效的沟通不仅能够确保采访的顺利进行，还能够深入挖掘被采访者的内心世界，获取更为真实、深入的信息。

（一）建立信任关系：沟通的基础

建立信任关系是采访中沟通策略的首要任务。新闻工作者需要通过真诚的态度、专业的素养和亲切的语言，与被采访者建立良好的信任关系。在采访开始前，可以主动介绍自己的身份和目的，消除被采访者的疑虑和紧张情绪。同时，要尊重被采访者的个人隐私和意愿，避免提出过于敏感或有冒犯性的问题。通过建立信任关系，可以让被采访者感受到采访者的诚意和专业性，从而更愿意分享自己的故事和观点。

（二）倾听与回应：有效沟通的关键

倾听与回应是采访中沟通策略的核心。新闻工作者需要时刻保持倾听的姿态，认真关注被采访者的回答，理解其观点和感受。在倾听过程中，要通过点头、微笑或简短地回应等方式，表达出对被采访者的理解和认同。同时，要学会用简洁明了的语言回应被采访者，肯定其回答并鼓励其继续分享。通过倾听与回应，可以建立起与被采访者的互动关系，使采访更加生动、有趣。

（三）提问技巧：深入挖掘信息的手段

提问技巧是采访中沟通策略的重要组成部分。新闻工作者需要掌握一系列有效的提问技巧，以便能够深入挖掘被采访者的内心世界和获取有价值的信息。在提问时，要注意问题的针对性和具体性，避免提出笼统模糊的问题。同时，要遵循逐步深入、层层递进的原则，引导被采访者逐步展开话题。此外，还可以运用开放式与封闭式提问相结合的方式，既能获取详细信息又能聚焦关键事实。巧妙的提问技巧，可以引导被采访者敞开心扉，使其分享更多真实、深入的故事和观点。

（四）情感引导：建立情感共鸣的桥梁

情感引导是采访中沟通策略的重要手段。新闻工作者需要通过情感引导，与被采访者建立起情感共鸣，从而更好地理解其内心世界和感受。在采访过程中，可以运用一些情感化的语言或表达方式，激发被采访者的情感共鸣。同时，要注意观察被采访者的情绪变化，及时调整采访氛围和提问方式，以保持采访的顺利进行。新闻工作者通过情感引导，可以让被采访者更加真诚地分享自己的经历和感受，从而使采访内容更加生动、感人。

（五）尊重与被尊重：沟通中的基本原则

尊重与被尊重是采访中沟通策略的基本原则。新闻工作者需要尊重被采访者的个人尊严和隐私权，避免提出具有冒犯性或侵犯性的问题。同时，要尊重被采访者的观点和立场，避免对其进行贬低或攻击。在采访过程中，要保持礼貌和谦逊的态度，避免打断被采访者的发言或强行引导话题。基于尊重与被尊重的原则，新闻工作者与被采访者可以建立起良好的采访氛围和互动关系，使采访更加顺畅、高效。

四、采访中的情感交流与信任

在新闻采访工作中，情感交流与信任是两个至关重要的因素。它们不仅有助于新闻工作者与被采访者之间建立良好的互动关系，还能够促进采访的顺利进行和对信息的深入挖掘。

（一）情感交流：采访中的桥梁与纽带

情感交流是采访过程中不可或缺的一环。它涉及新闻工作者与被采访者之间的情感互动和共享，有助于拉近彼此的距离，增强采访的亲和力。通过情感交流，新闻工作者可以更好地了解被采访者的内心世界，感受其情感波动，从而更加准确地把握采访的节奏和氛围。

在情感交流中，新闻工作者需要展现出真诚、亲切和尊重的态度。通过微笑、点头、倾听等肢体语言以及温暖、关切的语言表达，向被采访者传递出友好和尊重的信息。同时，新闻工作者还需要善于观察和感知被采访者的情感变化，及时给予回应和支持，使其感受到新闻工作者的理解和关怀。

情感交流还有助于增强采访的感染力。当新闻工作者能够与被采访者产生情感共鸣时，被采访者往往更愿意分享自己的经历和感受，使采访内容更加生动、真实。此外，情感交流还能够营造出一种轻松、愉快的采访氛围，有助于缓解被采访者的紧张情绪，使其更加放松地参与采访。

（二）信任：采访中的基石与保障

信任是采访中实现有效沟通的基础和前提。只有当被采访者信任新闻工作者时，才会愿意敞开心扉，分享自己的真实想法和感受。因此，新闻工作者需要通过一系列策略来建立与被采访者之间的信任关系。

首先，新闻工作者需要保持真诚的态度。在采访中，要如实反映被采访者的观点和回答，避免歪曲或夸大事实，也要主动告知被采访者采访的目的、用途和可能产生的影响，以便其做出明智的决策。这种真诚的态度有助于消除被采访者的疑虑和不安，从而建立起信任关系。

其次，采访者需要展现出专业素养和敬业精神。采访者通过深入了解采访主题、熟悉相关背景知识及精心准备提问等方式，向被采访者展示自己的专业能力和认真态度。这不仅能够增强被采访者对采访者的信任感，还能够提高采访的质量和效率。

最后，尊重被采访者的意愿和隐私也是建立信任的重要方面。在采访中，要尊重被采访者的个人尊严和隐私权，避免提出过于敏感或冒犯性的问题。同时，也要遵守承诺，保护被采访者的信息不被泄露或滥用。这种尊重和保护的态度有助于增强被采访者对采访者的信任感。

（三）情感交流与建立信任的互动关系

情感交流与建立信任在采访中并非孤立存在，而是相互依存、相互促进的。一方面，有效的情感交流有助于建立信任关系。通过真诚的态度、亲切的语言和倾听与回应等技巧，采访者能够与被采访者建立起深厚的情感联系，从而增强其信任感。另一方面，建立起的信任关系又为情感交流提供了坚实的基础。当被采访者信任采访者时，被采访者会更加愿意分享自己的经历和感受，使采访内容更加丰富和真实。

在采访中，采访者需要灵活运用情感交流与建立信任的策略，根据被采访者的个性和需求进行调整和适应。通过不断尝试和改进，采访者可以逐渐掌握这些技巧，提高自己在采访中的表现能力。

（四）提升情感交流与建立信任能力的途径

为了提升在采访中的情感交流与建立信任的能力，采访者可以从以下几个方面进行努力：

首先，加强自我修养和素质提升。通过不断学习和积累知识，提高自己的专业素养和综合素质，以更好地应对各种采访场景和对象。

其次，注重观察和感知能力的培养。在采访中，要细心观察被采访者的表情、动作和语言等细节，感知其情感变化和内心世界，以便更加准确地把握采访节奏和氛围。

再次，加强沟通技巧的学习和实践也是必不可少的。通过掌握有效的倾听、回应和提问等技巧，提高采访者在采访中的沟通能力和水平。

最后，保持真诚和尊重的态度是建立信任的关键。在采访中，要始终保持真诚、亲切和尊重的态度，尊重被采访者的意愿和隐私，以赢得其信任和尊重。

情感交流与建立信任是采访中不可或缺的两个要素。它们不仅能够促进采访者与被采访者之间的良好互动关系，还能够提高采访的质量和效率。通过加强自我修养、提升观察感知能力、学习沟通技巧以及保持真诚尊重的态度等方式，采访者可以不断提升自己在采访中的情感交流与建立信任的能力。

未来，随着新闻行业的不断发展和变化，采访者需要不断适应新的采访环境和对象，不断探索和创新情感交流与建立信任的方法和策略。同时，也要关注被采访者的需求和感受，尊重其个人隐私和意愿，以建立更加和谐、有效的采访关系。

第五节　采访中的倾听与反馈技巧

一、倾听在采访中的重要性

在新闻采访工作中，倾听是一种至关重要的能力。它不仅有助于采访者获取真实、深入的信息，还能够建立起与被采访者之间的信任和良好关系。

（一）倾听有助于获取真实信息

采访的核心目的是获取被采访者的观点和经历，以呈现出真实、客观的信息。而倾听则是实现这一目的的关键手段。通过倾听，采访者能够深入了解被采访者的内心世界，把握其真实想法和感受。在倾听过程中，采访者需要保持专注和耐心，不打断、不插话，让被采访者充分表述自己的观点和经历。这样，被采访者才会感受到被尊重和理解，从而更加愿意分享真实的信息。

此外，倾听还有助于采访者发现被采访者言语中的细节和隐含信息。有时候，被采访者可能会在不经意间透露出一些重要信息或者线索，而这些信息往往能够为采访者提供新的报道角度或者深入挖掘的线索。因此，善于倾听的采访者往往能够获取更加真实、深入的信息，为报道提供有力的支撑。

（二）倾听有助于建立信任和良好关系

在采访中，建立信任和良好关系对于获取高质量的信息至关重要。而倾听则是建立信任和良好关系的重要途径之一。通过倾听，采访者能够向被采访者传递出尊重、理解和关心的态度，使其感受到采访者的真诚和善意。这种态度有助于消除被采访者的防备心理和抵触情绪，使其更加愿意与采访者合作并分享信息。

同时，倾听还能够增强采访者与被采访者之间的情感联系。在倾听过程中，采访者需要用心去感受被采访者的情感和情绪变化，及时给予回应和支持。这种情感上的共鸣和理解有助于拉近采访者与被采访者之间的距离，建立深厚的友谊和信任关系。这种关系不仅有助于本次采访的顺利进行，还能够为未来的采访合作奠定良好的基础。

（三）倾听有助于提升采访效果和质量

倾听在提升采访效果和质量方面也发挥着重要作用。首先，倾听能够帮助采访者更好地把握采访节奏和氛围。在采访过程中，采访者需要根据被采访者的情绪和表达方式来调整自己的提问方式和语气，以确保采访的顺利进行。通过倾听，采访者能够敏锐地感知被采访者的情感变化和反应，从而做出及时的调整，使采访更加顺畅和自然。

其次，倾听有助于采访者深入挖掘信息。在采访过程中，被采访者可能会提到一些与主题相关但并未详细展开的话题。此时，善于倾听的采访者能够迅速捕捉到这些话题，并通过进一步的提问和引导，使被采访者对这些话题进行深入阐述。这样不仅能够丰富报道内容，还能够使报道更加深入、全面。

此外，倾听还有助于采访者发现新的报道角度和线索。有时候，被采访者可能会在不经意间提到一些与主题相关但并未引起采访者注意的信息。通过倾听并仔细分析这些信息，采访者可能会发现新的报道角度或者线索，从而拓展报道的广度和深度。

（四）提高倾听能力的途径与方法

为了提高在采访中的倾听能力，新闻工作者可以从以下几个方面进行努力：

首先，培养专注力和耐心。在采访中，采访者需要保持高度的专注力，不被外界干扰所影响。同时，还需要有足够的耐心去倾听被采访者的长篇叙述或者情感表达。

其次，学会有效回应。倾听不仅仅是被动地听，还需要积极地回应。采访者可以通过点头、微笑或者简单的语言回应来表示自己在认真倾听，并鼓励被采访者继续表达。

再次，注重细节捕捉。在倾听过程中，采访者需要敏锐地捕捉被采访者言语中的细节信息，如语气变化、关键词汇等，这些都可能蕴含着重要的信息或者线索。

最后，不断反思与总结。每次采访结束后，采访者都应该对自己的倾听表现进行反思和总结，找出不足之处并寻求改进方法。通过不断的实践和总结，采访者的倾听能力会逐渐提升。

倾听在采访中的重要性不言而喻。它不仅是获取真实信息的关键手段，还是建立信任和良好关系的重要途径，同时也是提升采访效果和质量的重要保证。因此，新闻工作者应该充分认识到倾听的重要性，并在实践中不断提高自己的倾听能力。

未来，随着新闻行业的不断发展和变化，采访环境和对象也会发生新的变化。新闻工作者需要不断适应新的采访需求，不断探索和创新倾听的方法和技巧。同时，也要注重培养自己的专注力、耐心和细节捕捉能力，以更好地应对各种复杂的采访场景。

总之，倾听是采访中不可或缺的一环。只有真正做到用心倾听、理解被采访者，才能够获取真实、深入的信息，建立信任和良好关系，并提升采访的效果和质量。

二、有效倾听的技巧与方法

在新闻采访、日常交流或工作沟通中，有效倾听是一项至关重要的技能。它不仅能够促进信息的准确传递，还能够建立和维护良好的人际关系。然而，倾听并非简单地用耳朵接收声音，而是需要一系列技巧和方法来确保信息的完整理解和准确解读。

（一）保持专注与耐心

有效倾听的首要前提是保持专注和耐心。在倾听过程中，我们要尽量排除外界的干扰，将注意力完全集中在说话者身上。同时，我们还要保持耐心，不打断对方，不急于表达自己的观点，给予对方充分的时间来表达自己的想法。

为了保持专注，我们可以采取一些具体的措施，如调整坐姿、保持眼神交流、避免分心等。通过这些方式，我们能够更好地将注意力集中在对方身上，增强倾听的效果。

（二）理解并回应对方

倾听不仅仅是听，更是理解。在倾听过程中，我们需要主动理解说话者的意思，捕捉其言语中的关键信息，并适时地给予回应。这不仅能够让说话者感受到我们的关注和理解，还能够促进双方之间的交流和互动。

回应对方的方式多种多样，可以是简单地点头、微笑或语言上的肯定，也可以是提出疑问或分享自己的见解。无论采取何种方式，我们都应该确保回应是真诚和积极的，以体现对对方的尊重和理解。

（三）避免先入为主的偏见

在倾听过程中，我们往往容易受到先入为主的偏见影响，导致对信息的解读产生偏差。为了解决这一问题，我们需要保持开放的心态，尽量不去预设对方的立场或观点，而是客观地接收和理解对方的信息。

同时，我们还要学会区分事实和观点，不轻易将对方的观点当作事实来接受。通过保持客观和理性的态度，我们能够更好地把握信息的本质，避免受到偏见的影响。

（四）注意非语言信息

除了言语本身，非语言信息也是倾听过程中不可忽视的一部分。例如：对方的表情、肢体语言、语气和音调等都能够传递出丰富的信息，帮助我们更好地理解对方的意图和情感。

因此，在倾听过程中，我们需要注意观察对方的非语言信息，并将其与言语信息相结合，以形成对对方意图和情感的全面理解。通过关注非语言信息，我们能够更加深入地了解对方，增强沟通的效果。

（五）适时反馈与总结

有效倾听不仅包括理解对方的信息，还包括适时地给予反馈和总结。通过反馈，我们可以确认自己是否正确理解了对方的意图和观点；通过总结，我们可以帮助对方理清思路，并加深对对话内容的印象。

在给予反馈时，我们可以使用简洁明了的语言来复述对方的观点或情感，以确保理解的准确性。同时，我们还可以表达自己的感受和看法，以促进双方的进一步交流。在总结时，我们可以概括对话的主要内容或关键点，以便双方都能够清晰地回顾和记忆。

（六）不断练习与反思

有效倾听是一项需要不断练习和反思的技能。在日常生活中，我们可以多参与各种交流场合，积极倾听他人的观点和想法，以锻炼自己的倾听能力。同时，我们还可以对自己的倾听表现进行反思和总结，找出不足之处并寻求改进方法。

通过不断练习和反思，我们能够逐渐提高自己的倾听水平，更好地理解和回应他人的需求和期望。这不仅能够提升我们的沟通效果，还能够提升我们的人际关系的质量。

（七）倾听中的提问技巧

在倾听过程中，适时地提出问题可以帮助我们更深入地了解对方的观点和想法。提问不仅可以引导对话的方向，还可以激发对方的思考，促进更深入的交流。

在提问时，我们要注意问题的质量和方式。问题应该具有针对性，能够引导对方展开详细的回答；同时，我们还要避免提出过于封闭或具有引导性的问题，以免限制对方的思考。通过提出开放性问题，我们可以鼓励对方自由表达观点，并激发双方的思考和交流。

（八）情感共鸣与同理心

情感共鸣和同理心是有效倾听的重要组成部分。当我们能够设身处地地理解对方的情感和立场时，我们的倾听就会变得更加深入和真诚。

在倾听过程中，我们要尽量去理解对方的情感，通过语言和姿态来表达同理心。这可以让对方感受到我们的关心和支持，进而增强双方之间的信任和亲近感。同时，情感共鸣和同理心还有助于我们更准确地把握对方的意图和需求，从而做出更恰当的回应。

三、采访中的反馈策略

在新闻采访过程中，反馈策略的运用对于确保采访的顺利进行、提升信息获取的质量以及维护良好的采访关系具有重要意义。反馈不仅是采访者对被采访者回答的一种回应，更是引导采访走向、深化话题讨论的关键手段。

（一）反馈策略在采访中的重要性

在采访中，反馈策略的重要性主要体现在以下几个方面：

首先，反馈能够鼓励被采访者继续表达。当采访者给予积极、肯定的反馈时，被采访者往往会感受到鼓励，从而更加愿意分享自己的观点和经历。这种正面的互动有助于打破沉默和尴尬，使采访氛围更加融洽。

其次，反馈有助于引导采访走向。通过巧妙的反馈，采访者可以暗示被采访者进一步阐述某个话题，或者将话题引向更深入、更具体的方面。这样，采访者就能更好地掌控采访节奏，确保采访内容符合报道需求。

最后，反馈能够提升信息获取的质量。通过给予有针对性的反馈，采访者可以促使被采访者提供更加详细、准确的信息，从而丰富报道内容，提高信息的真实性和可信度。

（二）常用的反馈策略

在采访中，常用的反馈策略包括以下几种：

肯定与鼓励的反馈是采访中最为基础且十分重要的策略。当被采访者分享观点或经历时，采访者可以通过点头、微笑或语言上的肯定来表达赞赏和认同。例如：可以说："您的观点很有见地，我很感兴趣。"这样的反馈能够增强被采访者的自信，激发其继续表达的欲望。

重复与澄清的反馈有助于采访者确保准确理解被采访者的意思。当采访者听到关键信息或不确定的内容时，可以通过重复对方的话语或提出疑问来澄清事实。例如："您是说这个项目取得了显著的成果吗？请再详细说说。"这样的反馈不仅能够帮助采访者确认信息，还能引导被采访者进一步展开阐述。

提问式的反馈是一种有效的引导策略。采访者可以通过提出问题来引导被采访者深入思考并拓展话题。这些问题可以是开放性的，也可以是针对性的，旨在激发被采访者的思考并获取更多信息。例如："您能谈谈这个项目在实施过程中遇到的最大挑战是什么吗？"这样的问题能够引导被采访者分享更多细节和感受。

总结式的反馈有助于概括和梳理采访内容，确保双方对讨论的话题有清晰的认识。在采访过程中，采访者可以适时地总结被采访者的观点或经历，以便更好地把握采访的走向。例如："根据您刚才的描述，这个项目似乎取得了不小的成果。那么，您认为这些成果对整个行业来说意味着什么呢？"这样的反馈不仅能够帮助采访者梳理思路，还能为后续的报道提供有力的支撑。

（三）反馈策略的运用技巧

在运用反馈策略时，采访者需要注意以下几点技巧：

首先，反馈要真诚自然。采访者的反馈应该基于真实的感受和理解，避免虚假或夸大的言辞。同时，反馈的方式也要自然流畅，不要打断被采访者的思路或话语。

其次，反馈要有针对性。采访者应该根据被采访者的回答和采访需求来选择合适的反馈策略。不同的回答需要不同的反馈方式，以确保采访的顺利进行和信息的有效获取。

最后，反馈要适度适量。过多的反馈可能会打断被采访者的思路，影响采访的连贯性；而过少的反馈则可能让被采访者感到冷漠或不被重视。因此，采访者需要根据实际情况来把握反馈的时机和频率。

（四）反馈策略的实践应用与效果评估

在实践中，采访者可以通过不断尝试和调整反馈策略来找到最适合自己的方式。同时，他们还可以根据采访效果和报道质量来评估反馈策略的有效性。例如：观察被采访者的反应和表达是否更加积极、深入；分析报道内容是否更加丰富、准确等。通过持续的实践和改进，采访者能够逐渐掌握并熟练运用各种反馈策略，提升采访效果和报道质量。

总之，反馈策略在采访中发挥着至关重要的作用。通过运用肯定与鼓励、重复与澄清、提问式及总结式等反馈策略，并结合真诚自然、有针对性以及适度适量的原则，采访者能够更好地掌控采访节奏、引导话题讨论并获取高质量的信息。在未来的新闻工作中，我们应继续深入研究和探索反馈策略的运用技巧和方法，以适应不断变化的采访环境和需求。

四、倾听与反馈在采访中的综合运用

在新闻采访中，倾听与反馈是两个相辅相成、不可或缺的环节。倾听是获取信息的基础，而反馈则是促进信息交流的催化剂。两者的综合运用不仅能够提升采访的效果，还能够建立起良好的采访关系，使采访过程更加顺畅和高效。

（一）倾听在采访中的重要性

倾听是采访中的核心技能之一。作为采访者，我们首先需要通过倾听来理解被采访者的观点、情感和经历。只有当我们真正倾听被采访者的声音，才能够获取真实、深入的信息，从而写出有价值的报道。

倾听的重要性体现在多个方面。首先，倾听有助于建立信任。当被采访者感受到我们的关注和尊重时，他们更愿意分享自己的故事和看法。通过倾听，我们能够传递出友善和接纳的态度，建立起与被采访者之间的信任关系。

其次，倾听能够获取更多细节。在采访中，被采访者往往会提供丰富的信息和细节。如果我们不认真倾听，就可能错过这些宝贵的信息。而当我们全身心投入倾听时，就能够捕捉到更多的细节，为报道提供丰富的素材。

最后，倾听有助于理解被采访者的情感和立场。通过倾听被采访者的语气、语调和表情，我们能够更好地理解他们的情感和立场。这有助于我们更加准确地把握报道的基调，并呈现出更加真实、客观的新闻内容。

（二）反馈在采访中的作用

反馈是采访中促进信息交流的重要手段。通过给予被采访者及时、恰当的反馈，我们能够鼓励他们继续表达，引导他们深入阐述，从而获取更多有价值的信息。

反馈的作用主要体现在以下几个方面：首先，反馈能够鼓励被采访者继续表达。当被采访者感受到我们的认同和理解时，他们通常会更有动力继续分享自己的观点和经历。通过给予积极的反馈，我们能够激发被采访者的表达欲望，促进采访的顺利进行。

其次，反馈有助于引导采访走向。在采访中，我们可能需要引导被采访者围绕某个主题或问题进行讨论。通过给予有针对性的反馈，我们能够暗示被采访者进一步阐述某个观点或分享更多相关经历。这样，我们就能够更好地掌控采访的节奏和方向，确保采访内容符合报道需求。

最后，反馈能够提升信息的准确性和完整性。在倾听过程中，我们可能会遇到一些不确定或模糊的信息。通过给予反馈并询问更多细节，我们能够促使被采访者提供更准确、更完整的信息，从而提高报道的质量和可信度。

（三）倾听与反馈的综合运用策略

在采访中，倾听与反馈是相互交织、相互促进的。为了充分发挥两者的作用，我们需要掌握一些综合运用策略。

首先，保持专注和耐心是倾听与反馈的基础。在采访中，我们需要时刻保持专注，全身心地投入倾听。同时，我们还需要保持耐心，不打断被采访者的思路或话语，给予他们充分的时间来表达自己。

其次，积极回应并表达理解是建立良好采访关系的关键。当被采访者分享观点或经历时，我们可以通过点头、微笑或语言上的肯定来表达理解和认同。这不仅能够鼓励被采访者继续表达，还能够增强我们与他们之间的信任和亲近感。

再次，提出有针对性的问题也是倾听与反馈的重要策略之一。通过提出有针对性的问题，我们能够引导被采访者深入阐述某个观点或分享更多相关经历。这些问题可以围绕报道主题或关键点展开，旨在获取更多有价值的信息。

最后，及时总结和梳理采访内容是提升报道质量的关键步骤。在采访过程中，我们需要及时总结和梳理被采访者的观点和经历，确保对采访内容有清晰的认识。这有助于我们更好地把握报道的基调和重点，并呈现出更加准确、客观的新闻内容。

第六节　采访资料的整理与归档

一、采访资料的整理方法

在新闻采访过程中，收集到的资料往往庞大而繁杂，需要进行有效的整理，以便后续报道的撰写和编辑。

（一）资料整理的重要性

采访资料的整理是新闻工作中的重要环节，其重要性主要体现在以下几个方面：

首先，整理资料有助于提取关键信息。在采访过程中，记者会收集到大量的信息，包括被采访者的观点、事实数据、背景资料等。通过整理，可以将这些信息按照主题或逻辑顺序进行分类，便于后续筛选和提取关键信息。

其次，整理资料有助于提高报道质量。通过对资料的整理，记者可以更加清晰地了解采访内容的整体框架和重点，从而更有针对性地撰写报道。同时，整理过程中还可以发现遗漏或矛盾的信息，及时进行补充或核实，确保报道的准确性和客观性。

最后，整理资料有助于提升工作效率。有效的资料整理方法可以使记者在工作中更加有条不紊，减少重复劳动和浪费时间的情况。通过建立规范的整理流程，可以形成一套高效的工作习惯，提高整体工作效率。

（二）资料整理的基本原则

在进行采访资料整理时，应遵循以下基本原则：

真实性原则：确保整理的资料真实可靠，不添加、不删减、不歪曲原始信息。

系统性原则：按照一定的逻辑顺序和分类标准对资料进行整理，使其具有条理性和完整性。

简明性原则：在整理过程中，力求简洁明了，避免出现冗余和重复的信息。

保密性原则：对于涉及个人隐私或敏感信息的资料，应严格遵守保密规定，确保资料存放安全。

（三）资料整理的具体步骤

采访资料的整理可分为以下几个具体步骤：

首先，将收集到的采访资料按照主题、人物、时间等维度进行分类。例如：可以将同一事件的采访资料归为一类，或将同一被采访者的所有资料整理在一起。分类完成后，为每个类别的资料建立文件夹或标签，以便后续查找和使用。

其次，在分类的基础上，对资料进行筛选和提炼。根据报道需求和主题，挑选出最具代表性、最具价值的信息。对于冗长或重复的段落，进行适当删减和合并。同时，注意保留原始资料的出处和来源，以便后续核实和引用。

再次，将筛选后的资料进行整理和编排。按照报道的逻辑顺序或时间顺序，对资料进行排序和组合。对于需要引用的重要观点或数据，进行标注和说明。此外，还可以根据需要对资料进行适当的加工和处理，如添加标题、摘要等，以便更好地呈现信息。

最后，在整理过程中，要时刻保持对资料的核实和修正。对于不确定或模糊的信息，要及时与被采访者或相关人士进行沟通和确认。对于发现的错误或遗漏，要及时进行修正和补充。确保整理后的资料完整且准确无误，为后续的报道工作提供有力支持。

（四）资料整理中的注意事项

在进行采访资料整理时，还需注意以下几点：

保持客观中立：在整理资料过程中，要保持客观中立的立场，避免个人主观色彩对资料整理产生影响。

注重细节处理：对于资料中的细节问题，如错别字、格式错误等，要认真进行处理，确保资料的规范性和美观性。

备份与保存：对于整理好的资料，要进行备份和保存，以防意外丢失或损坏。同时，要注意资料的安全性和保密性，避免泄露或滥用。

（五）数字化整理工具的应用

随着科学科技的发展，数字化整理工具在采访资料整理中发挥着越来越重要的作用。以下是一些常用的数字化整理工具及其应用方法：

文字处理软件：如 Word、Notepad 等，可用于编辑、排版和保存文本资料。通过设置标题、段落、字体等样式，可以使资料更加清晰易读。

电子表格软件：如 Excel 等，可用于整理和分析数据资料。通过创建表格、插入图表等方式，可以直观地展示数据之间的关系和趋势。

数据库管理系统：对于大规模的采访资料，可以使用数据库管理系统进行整理和管理。通过建立数据表、设置字段和关系等，可以实现对资料的快速查询和统计。

云存储与协作平台：利用云存储和协作平台，可以实现多人在线编辑和共享资料。这有助于加强团队成员之间的协作与沟通，提高资料整理的效率和质量。

采访资料的整理是一项繁琐但至关重要的工作。通过掌握有效的整理方法和运用数字化整理工具，新闻工作者可以更加高效地完成资料整理任务，为后续的报道工作奠定坚实的基础。在未来的新闻工作中，我们应继续探索和创新资料整理方法，以适应不断变化的媒体环境和报道需求。

二、采访资料的分类与存储

在新闻采访和报道过程中，采访资料的分类与存储是一项至关重要的任务。这些资料包括文字记录、录音、视频、图片等多种形式，它们不仅是新闻报道的基础，也是后续分析和研究的重要素材。因此，如何科学、有效地对采访资料进行分类与存储，对于提高新闻报道的质量和效率具有重要意义。

（一）采访资料分类的重要性

采访资料的分类有助于信息的整理与检索。在采访过程中，记者会收集到大量的信息，这些信息涉及不同的人物、事件、时间等要素。将这些资料按照一定的标准进行分类，可以使信息更加有序、条理清晰，方便记者快速检索到所需的素材，提高工作效率。

采访资料的分类有助于信息的深度挖掘。通过对资料进行分类，记者可以更加深入地了解采访对象的背景、观点、经历等，从而挖掘出更多有价值的信息。同时，分类还可以帮助记者发现不同信息之间的联系和规律，为新闻报道提供更加全面、深入的视角。

采访资料的分类有助于信息的长期保存与利用。随着时间的推移，采访资料可能会不断增加和积累。通过对这些资料进行分类，可以确保它们在存储和管理中不会混乱或丢失，为未来的新闻报道或研究提供宝贵的素材。

（二）采访资料分类的方法

按照采访对象分类。这是最常见的分类方法之一，根据采访对象的身份、职业、地位等特点，将资料划分为不同的类别。例如：可以将政治家、企业家、艺术家等不同领域的采访对象分别归类，便于后续的分析和比较。

按照采访主题分类。根据采访内容所涉及的主题，将资料划分为政治、经济、文化、社会等不同的类别。这种分类方法有助于记者从多个角度对采访内容进行分析和解读，提升报道的深度和广度。

按照采访形式分类。根据采访资料的形式，如文字、录音、视频、图片等，进行分类。这种分类方法有助于记者根据不同的需求选择合适的资料形式进行展示和报道。

按照时间顺序分类。根据采访发生的时间顺序，将资料按照先后顺序进行分类。这种分类方法有助于记者把握新闻事件的发展脉络，呈现事件的完整过程。

（三）采访资料的存储策略

数字化存储。随着科技的发展，数字化存储已经成为采访资料存储的主要方式。其通过扫描、拍照或录音等方式，将纸质资料转化为数字文件，存储在电脑、硬盘或云端等。数字化存储具有容量大、易备份、易检索等优点，可以有效保护采访资料的完整性和安全性。

纸质存储。尽管数字化存储具有诸多优势，但纸质存储仍然具有一定的价值。对于一些重要的原始资料或需要长期保存的资料，可以采用纸质存储方式。同时，纸质资料也可以作为数字化存储的备份，以防万一。

建立存储规范。为了确保采访资料的存储有序、高效，需要建立一套存储规范，包括命名规则、文件夹结构、存储路径等，确保每个资料都能找到合适的位置，方便后续的查找和使用。

定期备份与更新。为了防止数据丢失或损坏，需要定期对采访资料进行备份。

同时，随着新闻事件的发展和报道的深入，采访资料可能会不断更新和补充。因此，需要建立定期更新机制，确保资料的时效性和完整性。

（四）采访资料分类与存储的注意事项

确保资料的真实性和完整性。在分类与存储过程中，要始终保持对资料的尊重和保护，确保它们的真实性和完整性不受损害。任何修改或删减都应有明确的记录和说明。

注意资料的保密性。对于一些涉及个人隐私或敏感信息的采访资料，应严格遵守保密规定，确保不泄露给无关人员。在存储过程中，可以采用加密措施或设置访问权限等方式，提高资料的安全性。

提高资料的使用效率。分类与存储不仅是为了保护资料，更是为了更好地使用它们。因此，在分类和存储过程中，应充分考虑后续使用的需求，确保资料能够方便、快捷地被检索和使用。

采访资料的分类与存储是新闻工作中的一项重要任务。通过对资料进行科学、有效的分类和存储，可以提高新闻报道的质量和效率，为新闻事业的发展提供有力支持。随着科技的进步和媒体环境的不断变化，我们也需要不断探索和创新采访资料分类与存储的方法和技术，以适应新时代的需求。未来，我们可以借助大数据、人工智能等先进技术，对采访资料进行更加精准、高效的分析和处理，为新闻报道提供更加全面、深入的信息支持。

在实际操作中，我们还应注意不断总结经验教训，根据实际情况调整和优化分类与存储策略。同时，加强与其他新闻机构和同行的交流与合作，共同推动采访资料分类与存储工作的进步和发展。

总之，采访资料的分类与存储是一项复杂而重要的工作，需要我们认真对待并不断探索创新。只有这样，我们才能更好地利用这些宝贵的资料，为新闻报道和新闻事业的发展贡献自己的力量。

三、采访资料的归档要求

采访资料的归档是新闻工作中不可或缺的一环，它涉及对采访过程中所收集到的各类信息进行科学、系统、有序的整理与保存。归档工作的质量直接关系着后续新闻报道的准确性和完整性，也影响着新闻机构或个人的工作效率和声誉。因此，制定完善的采访资料归档要求并严格执行，对新闻工作者来说至关重要。

（一）归档原则与目标

采访资料的归档应遵循真实性、完整性、系统性和易检索性的原则。归档的目标是确保资料的长期保存和有效利用，为新闻报道、研究分析和历史回顾提供可靠的依据。

（二）归档范围与内容

采访资料的归档范围应包括所有与采访活动相关的文字、图片、音频、视频等资料。具体内容包括但不限于采访对象的背景资料、采访提纲、采访记录、录音录像、图片资料以及后续整理编辑的稿件等。

（三）归档流程与步骤

分类整理：按照采访对象、主题、时间等要素对资料进行分类整理，确保每一类资料都有明确的标识和说明。

编号登记：对每一份资料进行编号登记，建立详细的资料目录，方便后续检索和查询。

鉴定筛选：对资料进行鉴定筛选，去除重复、无效或敏感信息，确保归档资料的质量和安全性。

包装存放：对资料进行适当的包装和存放，防止损坏和丢失。对于纸质资料，应使用防水、防尘的文件夹或档案盒进行存放；对于电子资料，应使用专用的存储设备或云存储进行保存。

归档记录：建立归档记录表，记录每次归档的时间、人员、内容等信息，确保归档工作的可追溯性。

（四）归档要求与标准

真实性要求：归档资料必须真实可靠，不得篡改、伪造或删减。对于来源不明的资料，应谨慎处理，避免误导读者或引发纠纷。

完整性要求：归档资料应尽可能完整，包括采访的全过程和相关背景信息。对于缺失的资料，应注明原因并尽量补充。

系统性要求：归档资料应按照一定的逻辑顺序和分类标准进行整理，形成系统化的档案体系。这有助于后续查阅和使用时能够快速找到所需信息。

易检索性要求：归档资料应具备易检索性，方便新闻工作者在需要时能够快速找到相关资料。可以通过建立索引、关键词检索等方式提高检索效率。

安全性要求：归档资料应妥善保管，防止泄露、丢失或损坏。对于涉及个人隐私或敏感信息的资料，应采取加密、限制访问等措施，确保资料的安全。

（五）归档管理与维护

定期检查：定期对归档资料进行检查和维护，确保资料的完整性和可读性。对于损坏或丢失的资料，应及时进行修复或补充。

更新完善：随着新闻事件的发展和报道的深入，可能需要不断更新和完善归档资料。新闻工作者应及时将收集到的资料补充到归档中，并更新相关记录。

培训与指导：加强新闻工作者对归档工作的培训和指导，提高他们的归档意识和技能水平。通过定期举办培训班、分享会等活动，促进归档工作的规范化和专业化。

（六）归档工作的意义与价值

采访资料的归档工作不仅是对新闻工作者个人工作成果的体现，更是对整个新闻行业的贡献。通过规范的归档工作，我们可以保留大量的历史资料，为后人研究新闻事业提供宝贵的素材。同时，归档工作也有助于提升新闻机构的专业形象和信誉度，展示其严谨的工作态度和高效的工作能力。

此外，采访资料的归档还有利于新闻工作者自身的成长和发展。通过对归档资料进行回顾和总结，我们可以发现自己的不足和需要改进的地方，进而提升自己的采访技巧和报道水平。同时，归档资料也可以作为我们学习和借鉴的宝贵资源，帮助我们更好地理解和把握新闻事件的本质和规律。

四、采访资料的管理与利用

采访资料是新闻工作中的重要组成部分，它不仅记录了采访过程中的信息，还为新闻报道和后续分析提供了重要的素材。因此，采访资料的管理与利用对新闻工作者来说至关重要。

（一）采访资料的管理

为了有效地管理采访资料，首先需要建立一套规范的档案系统。该系统应包括档案的分类、编号、存储和检索等方面的规定。通过明确的分类标准，将采访资料按照主题、时间、采访对象等要素进行分类，便于后续的查找和使用。同时，为每个档案赋予唯一的编号，确保资料的唯一性和可追溯性。在存储方面，应选择适宜的存储介质和环境，确保资料的完整性和安全性。此外，建立高效的检索系统，使得新闻工作者能够快速定位到所需的采访资料。

采访资料往往涉及个人隐私和敏感信息，因此，资料的安全保密工作至关重要。新闻工作者应严格遵守相关法律法规和职业道德规范，确保采访资料的合法性和保密性。在存储和传输过程中，应采取加密、备份等措施，防止资料泄露或被篡改。对于涉及敏感信息的资料，应设置访问权限，防止无关人员接触。

采访资料是随着新闻报道的进行而不断积累的，因此，定期整理与更新是采访资料管理的重要环节。新闻工作者应定期对采访资料进行梳理和归档，确保资料的完整性和有序性。同时，随着新闻事件的发展和报道的深入，可能需要对已有的采访资料进行补充和更新。这要求新闻工作者保持对新闻事件的关注，及时收集新的信息，完善采访资料库。

（二）采访资料的利用

采访资料是新闻报道的重要素材来源。通过对采访资料的深入挖掘和分析，新闻工作者可以获取丰富的事实依据和背景信息，为新闻报道提供有力的支撑。在编写稿件时，可以引用采访对象的原话、描述现场情况等，使报道更加生动、真实。同时，通过对不同采访资料的对比和整合，可以发现新闻事件的内在联系和规律，提升报道的深度和广度。

采访资料不仅为新闻报道提供了素材，还为后续的研究和分析提供了重要的参考。新闻工作者可以将采访资料整理成案例库或数据集，供其他研究者使用。这些资料可以帮助研究者了解新闻事件的来龙去脉、分析社会现象的发展趋势、探讨公众舆论的演变等。通过深入研究采访资料，我们可以发现更多有价值的信息和观点，为学术研究和政策制定提供有益的借鉴。

采访资料的利用也是新闻工作者提升个人能力与专业素养的重要途径。通过对采访资料的整理和分析，新闻工作者可以锻炼自己的逻辑思维、分析能力和文字表达能力。同时，通过不断学习和借鉴他人的采访经验和技巧，可以提升自己的采访水平和专业素养。这些能力的提升将有助于新闻工作者更好地应对复杂的新闻环境和挑战。

（三）加强采访资料管理与利用的建议

新闻工作者应充分认识到采访资料管理与利用的重要性，将其纳入日常工作的重要内容。通过加强培训和教育，提高新闻工作者对采访资料管理的认识和能力。同时，建立相应的考核和激励机制，鼓励新闻工作者积极参与采访资料的管理与利用工作。

随着科技的发展，越来越多的技术手段可以应用于采访资料的管理与利用中。例如：利用大数据和人工智能技术，可以对采访资料进行智能分类、检索和分析；利用云计算技术，可以实现采访资料的云存储和共享等。这些科技手段的应用将大大提高采访资料管理与利用的效率和质量。

新闻工作者之间应加强合作与交流，共同推动采访资料管理与利用工作的开展。可以通过定期举办研讨会、分享会等活动，分享各自在采访资料管理与利用方面的经验和做法；同时，加强与其他新闻机构和同行的合作，共同建立采访资料共享平台，实现资源的互通有无和优势互补。

　　采访资料的管理与利用是新闻工作中不可或缺的一环。通过规范的管理和有效的利用，我们可以充分发挥采访资料的价值，为新闻报道和后续研究提供有力支持。同时，这也将有助于提升新闻工作者的个人能力和专业素养，推动新闻事业的不断发展。因此，我们应高度重视采访资料的管理与利用工作，不断探索和创新管理方法和利用途径，为新闻工作的发展贡献自己的力量。

第三章 新媒体时代的新闻编辑基础

第一节 新闻编辑的基本职责与要求

一、新闻编辑的主要职责

新闻编辑作为新闻传播过程中的重要环节，承担着筛选、整合、加工和传播新闻信息的职责。他们不仅需要具备扎实的新闻理论基础和敏锐的新闻洞察力，还需要具备出色的文字表达能力和团队协作能力。新闻编辑的主要职责涵盖了多个方面，包括新闻稿件的筛选、修改、编排与发布，以及与其他新闻工作者的协同合作，他们共同推动新闻事业的发展。

（一）新闻稿件的筛选与审核

新闻编辑的首要职责是对收到的新闻稿件进行筛选与审核。在筛选过程中，编辑需要根据新闻价值、时效性和真实性等标准，对稿件进行初步评估，挑选出具有报道价值的稿件。同时，编辑还需要对稿件的内容进行审核，确保报道内容符合法律法规和道德规范，不侵犯他人权益。

在筛选和审核稿件时，新闻编辑需要保持高度的敏锐性和责任心。他们需要对时事政治、社会热点等保持关注，了解公众的需求和兴趣点，以便从众多稿件中挑选出最具价值的报道。此外，编辑还需要具备扎实的新闻理论知识和丰富的实践经验，以便准确判断稿件的质量和价值。

（二）新闻稿件的修改与加工

经过筛选与审核的稿件，往往还需要进行进一步的修改与加工。新闻编辑需要对稿件的语言、结构、逻辑等方面进行精细化的处理，使报道更加准确、生动、易懂。在修改过程中，编辑需要注重保护原作者的风格和意图，同时对其进行必要的润色和提升。

此外，新闻编辑还需要关注稿件的排版和格式。他们需要根据报纸、电视或网络等不同媒体的特点，对稿件进行合适的排版和格式调整，使其符合媒体的传播要求。在排版过程中，编辑需要注重版面的美观性和易读性，增强新闻的传播效果。

（三）新闻稿件的编排与发布

新闻编辑还需要负责稿件的编排工作。他们需要根据新闻的重要性和时效性，对稿件进行合理的编排，确保重要新闻能够得到及时、突出的报道。在编排过程中，编辑需要注重新闻的整体性和连贯性，使报道内容能够相互呼应、形成合力。

同时，新闻编辑还需要负责稿件的发布工作。他们需要与媒体机构、网络平台等合作，将编辑好的新闻稿件发布到相应的渠道，供公众阅读或观看。在发布过程中，编辑需要确保稿件的准确性和时效性，避免出现错误或延误。

（四）与其他新闻工作者的协同合作

新闻编辑的工作并不是孤立的，他们需要与其他新闻工作者进行紧密的协同合作。在采访阶段，编辑需要与记者保持沟通，了解采访进展和收获，为后续的编辑工作提供素材和依据。在报道阶段，编辑需要与记者、摄影师等团队成员协作，共同策划报道方案、确定报道角度和风格。在发布阶段，编辑需要与媒体机构、网络平台等合作伙伴保持联系，确保稿件的顺利发布和传播。

此外，新闻编辑还需要与读者或观众保持互动。他们需要关注读者的反馈和需求，及时调整报道内容和形式，提高新闻的传播效果和影响力。通过与读者的互动，编辑可以更好地了解公众的需求和兴趣点，为后续的新闻报道提供有益的参考。

（五）持续学习与提升专业素养

新闻编辑是一个需要不断学习和提升的职业。随着社会的不断发展和媒体技术的不断进步，新闻编辑需要不断更新自己的知识和技能，以适应新的工作环境和要求。他们需要关注新闻行业的最新动态和趋势，了解新的报道技术和手段，提高自己的专业素养和综合能力。

同时，新闻编辑还需要注重培养自己的创新意识和创新能力。他们需要不断探索新的报道形式和传播方式，提高新闻的吸引力和传播效果。通过创新实践，编辑可以推动新闻事业的发展，为公众提供更加优质、多样的新闻服务。

（六）维护新闻媒体的公信力与形象

新闻编辑作为新闻媒体的代表，其工作直接关系着媒体的公信力和形象。因此，新闻编辑需要时刻保持高度的职业道德和责任心，坚守真实、客观、公正的报道原则，避免虚假新闻和失实报道的出现。在编辑过程中，编辑需要对新闻事实进行严格的核实和查证，确保报道内容的真实性和准确性。

此外，新闻编辑还需要注重维护媒体的正面形象。他们需要积极传播正能量、弘扬社会正气，为公众提供健康、有益的新闻信息。通过高质量的新闻报道和编辑工作，新闻编辑可以赢得公众的信任和尊重，提升媒体的知名度和影响力。

二、新闻编辑的基本素质要求

新闻编辑作为新闻传播的重要人物，不仅需要具备扎实的专业知识，还要拥有一定的政治素养、职业道德和创新意识等基本素质。这些素质要求不仅关系着编辑个人的职业发展，更直接影响着新闻媒体的公信力和传播效果。

（一）政治素养

政治素养是新闻编辑必须具备的基本素质之一。作为党的喉舌和耳目，新闻编辑必须坚定政治立场，把握正确的舆论导向。在新闻编辑工作中，要始终保持清醒的政治头脑，敏锐地识别和抵制各种错误思潮和不良信息，确保新闻报道的政治正确性。同时，新闻编辑还应积极宣传党的路线、方针和政策，弘扬主旋律，传播正能量，为推进社会主义事业发展提供有力的舆论支持。

（二）职业道德

职业道德是新闻编辑不可或缺的基本素质。新闻编辑应始终坚守真实、客观、公正的报道原则，尊重事实，尊重受众，尊重同行。在编辑过程中，要严格遵守新闻伦理规范，杜绝虚假新闻、有偿新闻等不良现象。同时，新闻编辑还应保持廉洁自律，拒绝任何形式的利益诱惑，维护新闻媒体的公信力和形象。

（三）专业知识

新闻编辑作为专业人士，必须具备扎实的专业知识。这包括新闻学、传播学、文学、历史等多个学科领域的知识。通过不断学习和实践，新闻编辑应熟练掌握新闻采访、写作、编辑、评论等基本技能，能够独立完成新闻报道的策划、组织和实施工作。同时，新闻编辑还应具备较高的文化素养和审美能力，能够准确把握新闻报道的文化内涵和审美价值。

（四）创新意识

在新闻行业日新月异的今天，创新意识已经成为新闻编辑不可或缺的基本素质。新闻编辑应敢于突破传统思维模式和报道方式，积极探索新的报道领域和报道形式。

通过运用新技术、新手段，不断创新新闻报道的内容、形式和传播渠道，提高新闻的传播效果和影响力。同时，新闻编辑还应关注社会热点和民生问题，善于从多个角度挖掘新闻价值，为受众提供更加丰富、多元的新闻信息。

（五）团队协作能力

新闻编辑往往需要与记者、摄影师、美编等多个岗位工作者协同合作。因此，团队协作能力也是新闻编辑必须具备的基本素质之一。新闻编辑应具备良好的沟通能力和协调能力，能够与团队成员保持良好的沟通和合作关系，共同完成新闻报道任务。同时，新闻编辑还应注重团队文化的建设，营造积极向上、团结协作的工作氛围，提高团队的凝聚力和战斗力。

（六）持续学习与自我提升

新闻行业是一个不断发展变化的领域，新闻编辑必须保持持续学习和自我提升的态度。通过不断学习新知识、新技能，关注新闻行业的最新动态和趋势，新闻编辑可以不断提升自己的专业素养和综合能力，更好地适应新闻编辑工作的需要。同时，新闻编辑还应注重培养自己的批判性思维和创新精神，不断提高自己独立思考和解决问题的能力。

三、新闻编辑的职业道德规范

新闻编辑作为新闻传播链条中的关键环节，其职业道德规范对于保证新闻报道的真实性、客观性和公正性具有重要意义。新闻编辑的职业道德不仅关系着个人职业声誉，更直接影响着新闻媒体的公信力和社会的舆论环境。因此，新闻编辑必须严格遵守职业道德规范，以高度的责任感和使命感履行好新闻编辑的职责。

（一）坚守真实原则，维护新闻真实性

真实是新闻的生命，是新闻编辑职业道德的核心。新闻编辑在处理新闻稿件时，必须始终坚守真实原则，确保所报道的新闻内容真实可靠。这要求新闻编辑在筛选、修改和编排新闻时，对新闻来源进行核实，对新闻内容进行严格把关，避免虚假新闻和失实报道的出现。同时，新闻编辑还要对新闻的真实性进行持续追踪和核实，确保新闻报道的准确性和权威性。

（二）保持客观公正，避免主观偏见

新闻编辑在新闻报道中应保持客观公正的态度，避免将个人主观偏见带入新闻报道中。在编辑新闻时，新闻编辑应尊重事实，尊重各方意见，避免对新闻事件进

行主观解读和歪曲。同时，新闻编辑还要关注社会弱势群体和少数派声音，确保新闻报道的公正性和平衡性。

（三）尊重知识产权，保护原创作品

新闻编辑在处理新闻稿件时，应尊重知识产权和原创作品。在引用他人作品时，应注明出处和作者，避免侵犯他人的知识产权。同时，新闻编辑还应积极支持原创作品的创作和推广，鼓励新闻媒体和新闻工作者不断创新，提高新闻报道的质量和水平。

（四）维护媒体形象，传播正能量

新闻编辑作为新闻媒体的代表，其言行举止直接关系着媒体的形象和声誉。因此，新闻编辑应时刻维护媒体形象，传播正能量。在新闻报道中，新闻编辑应积极宣传党的路线、方针和政策，弘扬主旋律，传播社会正能量。同时，新闻编辑还要关注社会热点和民生问题，积极反映人民群众的呼声和诉求，为构建和谐社会贡献力量。

（五）坚守保密义务，维护信息安全

新闻编辑在处理涉及国家安全、社会稳定和个人隐私等敏感信息时，应严格履行保密义务，确保信息安全。新闻编辑应增强保密意识，妥善保管新闻稿件和相关资料，防止信息泄露和滥用。同时，新闻编辑还要遵守法律法规，不得擅自发布涉及敏感信息的新闻报道，维护国家安全和社会稳定。

（六）加强自律意识，提升职业素养

新闻编辑应加强自律意识，不断提升职业素养。在新闻报道中，新闻编辑应自觉遵守职业道德规范，抵制各种不良风气和诱惑。同时，新闻编辑还应加强学习，不断提高自己的专业水平和综合素质，以更好地履行新闻编辑的职责和使命。

四、新闻编辑在新媒体时代的角色定位

随着新媒体技术的迅猛发展，新闻编辑的角色定位发生了显著的变化。在新媒体时代，新闻编辑不再仅仅是传统的文字编辑和稿件处理者，而是转变为信息内容的组织者、策划者以及传播者。

（一）新闻编辑的角色转变

在新媒体时代，新闻编辑需要承担起信息内容的组织者角色。面对海量的信息，

新闻编辑需要具备敏锐的信息筛选能力，从众多信息中挑选出有价值、有深度的内容。同时，新闻编辑还需要对信息进行整合和分类，使其符合受众的阅读习惯和需求。

新媒体时代，新闻编辑需要更加注重新闻的策划和创意。传统的新闻报道方式已经无法满足受众的需求，新闻编辑需要通过创新的策划和报道方式，吸引受众的注意力。这要求新闻编辑具备丰富的想象力和创造力，能够根据不同的新闻事件和受众需求，设计出独具特色的新闻报道方案。

在新媒体时代，新闻编辑还需要扮演新闻传播推动者的角色。新闻编辑需要充分利用新媒体平台，将新闻内容快速、准确地传播给受众。同时，新闻编辑还需要关注受众的反馈和互动，及时调整传播策略，提高新闻传播的效果。

（二）新媒体时代新闻编辑面临的挑战

新媒体时代，信息呈爆炸式增长，新闻编辑在筛选信息时面临着巨大的挑战。如何在海量的信息中挑选出有价值、有深度的内容，成为新闻编辑需要解决的重要问题。新媒体时代，新闻传播方式发生了深刻变革。传统的报纸、电视等媒体逐渐被新媒体平台所取代，新闻编辑需要适应这种变革，掌握新媒体平台的传播规律和特点，以便更好地进行新闻传播。

在新媒体时代，受众的需求呈现出多样化的特点。不同受众对于新闻内容、报道方式、传播渠道等方面有着不同的需求。新闻编辑需要深入了解受众的需求和喜好，为其提供个性化的新闻服务。

（三）新媒体时代新闻编辑的机遇

新媒体时代为新闻编辑提供了更广阔的传播渠道。除传统的报纸、电视等媒体外，新闻编辑还可以通过互联网、社交媒体等新媒体平台进行新闻传播，使新闻内容得到更广泛的传播和覆盖。新媒体平台具有更强的互动性，新闻编辑可以通过与受众的互动，了解受众的需求和反馈，及时调整报道策略和内容。这种互动性不仅有助于提升新闻传播的效果，还能够增强新闻编辑与受众之间的联系和互动。

新媒体时代为新闻编辑提供了更多的创新空间。新闻编辑可以通过创新的报道方式、内容形式等，吸引受众的注意力，提升新闻报道的影响力和传播力。

（四）新闻编辑在新媒体时代的应对策略

面对海量的信息，新闻编辑需要不断提升自己的信息筛选能力。通过学习和实践，掌握信息筛选的技巧和方法，以便在众多的信息中挑选出有价值、有深度的内容。

新媒体时代要求新闻编辑掌握新媒体传播技能。新闻编辑需要了解新媒体平台的传播规律和特点，熟悉新媒体技术的应用和操作，以便更好地进行新闻传播。

新闻编辑需要时刻关注受众需求的变化，根据受众的需求和喜好调整报道策略和内容。通过深入了解受众的需求和反馈，为受众提供个性化的新闻服务，增强受众的黏性和忠诚度。

第二节　新媒体时代新闻编辑的特点

一、新媒体时代新闻编辑的创新性

随着新媒体技术的快速发展，新闻行业正经历着前所未有的变革。新闻编辑作为新闻传播的重要一环，其创新性在新媒体时代显得尤为重要。

（一）新闻编辑创新性的内涵与重要性

新闻编辑的创新性主要体现在其思维方式、报道形式、内容策划等方面。在新媒体时代，新闻编辑需要突破传统框架，运用新技术、新手段，创造出更符合受众需求的新闻报道。这种创新性不仅有助于提升新闻报道的质量和影响力，还能提高新闻媒体的竞争力和市场地位。

（二）新媒体时代新闻编辑的创新性体现

新媒体时代，新闻编辑在报道形式上进行了大胆的创新。除传统的文字报道外，还广泛运用了图片、音频、视频等多种形式，使新闻报道更加生动、直观。同时，新闻编辑还积极探索虚拟现实、增强现实等新技术在新闻报道中的应用，为受众带来全新的视听体验。

在内容策划方面，新闻编辑注重挖掘新闻事件的深度和广度，通过独特的视角和深入的分析，为受众提供有价值的信息。同时，新闻编辑还关注社会热点和民生问题，积极回应受众关切，增强新闻报道的针对性和实用性。

新媒体时代，新闻编辑充分利用新媒体平台的互动性特点，加强与受众的互动和沟通。通过开设评论区、举办线上活动等方式，鼓励受众参与新闻报道的讨论和反馈，使新闻报道更加贴近受众需求，提高传播效果。

（三）新闻编辑创新性在实践中的应用

新媒体时代，新闻编辑积极寻求跨界合作与资源整合，与其他媒体、企业、机构等建立合作关系，共享资源、互通有无。这种合作模式有助于新闻编辑拓展报道领域、丰富报道内容，提高新闻报道的质量和影响力。

随着大数据技术的广泛应用，新闻编辑越来越注重数据在新闻报道中的作用。通过收集、分析大量数据，新闻编辑能够更准确地把握新闻事件的发展趋势和受众需求，为新闻报道提供有力支撑。同时，数据驱动的新闻报道还能使报道内容更加客观、公正，提升新闻报道的权威性。

新媒体平台具有强大的个性化推荐功能，能够根据受众的兴趣、偏好等信息，为其推荐符合其需求的新闻报道。新闻编辑可以充分利用这一功能，通过优化内容策划、提高报道质量等方式，吸引更多潜在受众，实现精准传播。

二、新媒体时代新闻编辑的时效性

随着新媒体技术的飞速发展，新闻传播的速度和方式发生了深刻变革。新闻编辑作为新闻传播的关键环节，其时效性在新媒体时代显得尤为重要。

（一）新媒体时代新闻编辑时效性的重要性

在新媒体时代，信息的传播速度极快，受众对新闻的需求也日益增加。新闻编辑的时效性直接关系着新闻的价值和影响力。只有及时、准确地报道新闻事件，才能满足受众的需求，提升媒体的竞争力。因此，新闻编辑必须高度重视时效性，确保新闻报道的及时性和准确性。

（二）影响新闻编辑时效性的因素

信息采集是新闻编辑的基础工作，其速度直接影响到新闻报道的时效性。在新媒体时代，信息来源广泛且复杂，新闻编辑需要快速筛选、核实信息，确保新闻报道的真实性。新闻编辑需要对采集到的信息进行整理、加工和呈现。编辑处理的速度和质量直接影响到新闻报道的时效性和可读性。因此，新闻编辑需要具备高效、准确的编辑处理能力。

新媒体时代，新闻的传播渠道多种多样，包括社交媒体、新闻网站、移动客户端等。新闻编辑需要根据新闻的性质和受众需求，选择合适的传播渠道，以确保新闻报道的及时性和覆盖面广泛。

（三）提升新闻编辑时效性的策略

面对海量的信息，新闻编辑需要建立科学的信息筛选机制，快速识别有价值的信息。同时，加强信息核实工作，确保新闻报道的真实性。这可以通过建立专业的信息核实团队、采用先进的信息技术手段等方式实现。新闻编辑需要不断提升自身的编辑处理能力，熟练掌握各种编辑工具和软件，提高编辑速度和质量。同时，优化编辑流程，减少不必要的环节和等待时间，确保新闻报道能够及时发布。

新媒体时代，新闻编辑需要充分利用各种传播渠道，实现新闻报道的广泛传播。通过社交媒体、新闻网站、移动客户端等多渠道发布新闻，可以扩大新闻报道的覆盖面，提高时效性。加强与受众的互动是提高新闻编辑时效性的重要途径。通过设立互动环节、收集受众反馈信息等方式，新闻编辑可以及时了解受众的需求和关注点，从而调整报道内容和方向，提高新闻报道的针对性和时效性。

三、新媒体时代新闻编辑的互动性

随着新媒体技术的迅猛发展，新闻传播的方式和形态发生了深刻变革。新闻编辑作为新闻传播的重要一环，在新媒体时代需要更加注重互动性，以满足受众日益增长的参与和表达需求。

（一）新媒体时代新闻编辑互动性的重要性

在新媒体时代，受众不再是被动的信息接收者，而是成了积极的参与者和表达者。他们渴望通过互动的方式参与到新闻传播的过程中，发表自己的观点和看法。因此，新闻编辑的互动性显得尤为重要。

首先，互动性有助于提升新闻报道的吸引力和影响力。通过与受众的互动，新闻编辑可以更加深入地了解受众的需求和兴趣，从而调整报道内容和形式，使其更加贴近受众的实际生活。这种贴近性不仅能够吸引更多受众的关注和参与，还能够增强新闻报道的传播效果。

其次，互动性有助于增强新闻媒体的公信力和权威性。通过与受众的互动，新闻编辑可以及时获取受众的反馈和意见，对报道进行修正和完善。这种公开透明的做法不仅能够提高新闻报道的质量和准确性，还能够树立新闻媒体的良好形象，增强其公信力和权威性。

最后，互动性有助于促进新闻传播的民主化和多元化。通过与受众的互动，新闻编辑可以汇聚来自不同群体的声音和观点，形成多元化的舆论场。这种多元化的舆论场不仅能够促进不同观点之间的交流和碰撞，还能够推动新闻传播的民主化进程。

（二）新媒体时代新闻编辑互动性的表现形式

社交媒体是新媒体时代新闻编辑与受众互动的重要平台。新闻编辑可以通过微博、微信、抖音等社交媒体平台发布新闻内容，与受众进行实时互动。通过回复评论、私信互动、发起话题讨论等方式，新闻编辑可以及时了解受众的反馈和意见，调整报道策略和内容。

新闻编辑可以通过在线调查和民意征集的方式，收集受众对新闻事件的看法和意见。这种互动方式不仅能够为新闻报道提供丰富的素材和观点，还能够增强受众的参与感和归属感。

在新媒体时代，直播成了一种重要的新闻传播方式。新闻编辑可以通过直播的方式与受众进行实时互动，回答受众的问题，解读新闻事件。同时，新闻编辑还可以利用现场连线的方式，邀请相关人士或专家进行访谈和讨论，为受众提供更加深入和全面的新闻报道。

（三）新媒体时代新闻编辑互动性面临的挑战与应对策略

在新媒体时代，信息呈爆炸式增长，新闻编辑在筛选有价值的信息进行互动时面临着巨大挑战。为了应对这一挑战，新闻编辑需要提高信息筛选能力，利用先进的算法和人工智能技术来辅助筛选工作。同时，建立有效的用户反馈机制，及时收集和分析受众的反馈意见，以便更好地调整互动策略和内容。

由于受众群体的多样性和复杂性，新闻编辑在互动过程中可能会遇到各种质量和水平不一的反馈和意见。为了提升互动质量，新闻编辑需要加强对受众的引导和教育，提高他们的媒介素养和参与意识。同时，建立专业的互动管理团队，对互动内容进行严格把关和筛选，确保互动内容的真实性和准确性。

新媒体技术的快速发展对新闻编辑的技术能力提出了更高的要求。为了适应这一变化，新闻编辑需要不断学习和掌握新技术，提高自己在互动方面的专业素养。此外，新闻媒体也应加大对人才培养的投入力度，通过定期培训和引进优秀人才等方式来提升整个团队的技术水平和互动能力。

四、新媒体时代新闻编辑的多媒体性

随着新媒体科技的飞速发展，新媒体时代已经悄然来临，为新闻编辑带来了前所未有的变革。其中，最为显著的特点便是新闻编辑的多媒体性。多媒体性不仅丰富了新闻报道的内容和形式，还增强了受众的阅读体验，使新闻传播更加生动、形象、直观。

（一）多媒体性的定义与特点

多媒体性是指在新媒体时代，新闻编辑通过整合文字、图片、音频、视频等多种媒体形式，以丰富多样的方式呈现新闻内容。这种多媒体性的特点主要体现在以下几个方面：

形式多样：新闻编辑可以根据新闻内容的特点和受众需求，灵活选择适合的媒体形式进行报道。无论是文字描述、图片展示，还是音频播放、视频呈现，都可以成为新闻编辑的手段。

内容丰富：多媒体性使得新闻报道的内容更加丰富多彩。通过整合各种媒体形式，新闻编辑可以更加全面、深入地报道新闻事件，展现事件的多个层面和细节。

互动性强：多媒体性还增强了新闻报道的互动性。受众可以通过评论、点赞、分享等方式参与到新闻报道中来，与编辑和其他受众进行互动交流，形成多元化的舆论场。

（二）新媒体时代新闻编辑多媒体性的表现

在新媒体时代，文字与图片的融合成为新闻编辑的基本手段。通过精心选择图片，配合简洁明了的文字说明，新闻编辑可以更加直观地呈现新闻内容，吸引受众的注意力。同时，图片还可以弥补文字描述的不足，使新闻报道更加生动、形象。

除了文字和图片，音频和视频也成为新媒体时代新闻编辑的重要媒体形式。通过录制现场采访、播放相关音频资料，新闻编辑可以让受众更加真实地感受到新闻事件的氛围和细节。而视频则可以通过画面和声音的双重呈现，使新闻报道更加立体、生动。

在新媒体时代，新闻编辑还注重交互元素的运用。在新闻报道中加入投票、问答、游戏等互动环节，可以激发受众的参与热情，提高新闻报道的传播效果。同时，这些交互元素还可以帮助新闻编辑收集受众的反馈和意见，为后续的报道提供参考。

（三）新媒体时代新闻编辑多媒体性的意义

多媒体性使得新闻报道更加生动、形象、直观，有助于提升新闻传播的效果。通过整合各种媒体形式，新闻编辑可以更加全面地展现新闻事件的全貌，增强受众对新闻内容的理解和认知。

在新媒体时代，受众的需求日益多样化。多媒体性使得新闻编辑可以根据受众的兴趣和偏好，提供个性化的新闻报道。无论是喜欢阅读文字的受众，还是喜欢观看视频的受众，都可以在新媒体平台上找到自己感兴趣的新闻内容。

多媒体性为新闻行业带来了无限的创新空间。新闻编辑可以通过探索新的媒体形式和报道方式，不断推陈出新，提升新闻报道的质量和水平。同时，多媒体性也促进了新闻行业与其他行业的融合与发展，为新闻行业的未来发展注入了新的活力。

第三节　新闻编辑的基本流程与规范

一、新闻编辑的策划与选题

新闻编辑作为新闻传播的核心环节，其策划与选题能力直接关系着新闻报道的质量和影响力。在信息化、数字化的新时代背景下，新闻编辑的策划与选题工作面临着更高的要求和挑战。

（一）新闻编辑策划与选题的原则

新闻报道的首要原则是时效性，新闻编辑在策划与选题时，必须紧密关注时事动态，迅速捕捉新闻热点，确保选题具有时效性和新鲜感。同时，要注意在第一时间对新闻事件进行深入报道和分析，以满足受众对信息的需求。

新闻编辑在策划与选题时，应关注那些对社会发展、民生改善具有重要影响的事件和话题。通过对这些重要事件的报道，可以引导受众关注社会热点，推动问题解决，体现新闻媒体的社会责任。

新闻编辑在策划与选题时，要充分考虑受众的需求和兴趣，选择那些与受众生活密切相关、具有普遍意义的新闻话题。通过报道受众关心的问题，可以增强新闻报道的吸引力和影响力。

在信息化、数字化的新时代背景下，新闻编辑在策划与选题时，要注重创新，敢于尝试新的报道方式和手段。通过运用新技术、新媒体，丰富新闻报道的形式和内容，增强新闻报道的传播效果。

（二）新闻编辑策划与选题的方法

新闻编辑要具备敏锐的洞察力和判断力，善于从各种渠道获取新闻线索，并进行深入挖掘。通过与记者、通讯员等建立紧密的合作关系，可以获取更多的新闻线索和第一手资料。同时，要关注社交媒体、网络论坛等平台的舆情动态，及时捕捉新闻热点。

新闻编辑在策划与选题时，要充分了解受众的需求和兴趣，通过市场调研、数据分析等手段，精准定位受众群体。针对不同受众群体的特点和需求，策划出符合其口味的新闻报道，提高新闻报道的针对性和有效性。

新闻编辑要善于整合各种新闻资源，包括文字、图片、视频等多媒体素材。通过对这些资源的优化组合，可以丰富新闻报道的内容和形式，提升新闻报道的视觉效果和阅读体验。同时，要加强与其他媒体的合作与交流，共享新闻资源，提高新闻报道的效率和质量。

新闻编辑在策划与选题时，要注重创新报道方式和手段。可以运用虚拟现实、增强现实等新技术，为受众提供更加沉浸式的阅读体验；可以通过直播、短视频等方式，实时报道新闻事件，增强新闻报道的时效性和现场感；还可以结合社交媒体平台的特点，开展互动式报道，吸引受众的参与和关注。

二、新闻稿件的筛选与修改

新闻稿件的筛选与修改是新闻编辑工作中的重要环节，它直接关系着新闻报道的质量和影响力。随着信息时代的到来，新闻稿件的来源日益多样化，数量也呈爆炸式增长，如何有效地筛选和修改稿件，确保新闻报道的真实性、准确性和客观性，成为新闻编辑面临的重要课题。

（一）新闻稿件的筛选

新闻稿件的筛选是新闻编辑工作的第一步，也是最为关键的一步。筛选的目的是从众多稿件中挑选出符合新闻报道要求的、具有新闻价值的稿件，为后续的编辑和发布工作奠定基础。

新闻稿件的筛选应遵循一定的标准，这些标准包括真实性、准确性、时效性、新闻价值、受众定位等。真实性是新闻稿件的生命线，任何虚假或夸大其词的稿件都应被剔除。准确性要求稿件中的事实和数据必须准确无误，避免误导读者。时效性则强调新闻稿件的及时性和新鲜感，对于过时或重复的稿件应予以排除。新闻价值是稿件筛选的重要依据，它取决于稿件所涉及的事件、人物或问题的重要性和影响力。此外，还需考虑受众定位，根据媒体的受众群体和读者的喜好来选择稿件。

新闻稿件的筛选方法主要包括初选和复选两个环节。初选是对所有来稿进行通读和分类，根据筛选标准挑选出合适的稿件。这一环节需要新闻编辑具备较高的新闻敏感度和判断力，能够迅速识别出具有新闻价值的稿件。复选则是对初选选出的稿件进行进一步的精选和优化，确保所选稿件的质量和新闻价值。

（二）新闻稿件的修改

新闻稿件的修改是新闻编辑工作的另一重要环节，它旨在提升稿件的质量和可读性，使其更符合新闻报道的要求和受众的期待。

新闻稿件的修改应遵循真实性、准确性、客观性、简练性和可读性等原则。真实性要求修改过程中不得改变稿件的基本事实和数据，确保稿件的真实性和可信度。

准确性要求修改后的稿件应更加精确地反映事实，避免歧义和误解。客观性强调在修改过程中要保持中立和公正的态度，避免个人主观意见的渗透。简练性则要求修改后的稿件应言简意赅，避免冗长和烦琐的表述。可读性则关注修改后的稿件是否易于理解和接受，是否符合读者的阅读习惯和口味。

新闻稿件的修改方法主要包括核实事实、调整结构、优化语言和润色文字等。核实事实是修改工作的基础，需要对稿件中的事实和数据进行逐一核对，确保无误。调整结构则是根据新闻报道的要求和受众的阅读习惯，对稿件的结构进行合理调整，使其更加清晰和有条理。优化语言则是通过对稿件中的表述进行精练和提炼，使其更加准确和生动。润色文字则是对稿件中的文字进行修饰和美化，提升稿件的可读性和吸引力。

三、新闻稿件的编排与发布

新闻稿件的编排与发布是新闻编辑工作的重要组成部分，它涉及稿件的整理、布局、设计以及最终的发布环节，直接关系着新闻报道的呈现效果和传播效果。在信息化、数字化的新时代背景下，新闻稿件的编排与发布工作面临着更高的要求和挑战。

（一）新闻稿件的编排原则

新闻稿件的编排首要原则是突出新闻价值。在编排过程中，要充分考虑稿件的新闻性、重要性、时效性和受众关注度等因素，将最具新闻价值的稿件置于显著位置，以吸引读者的注意力。

合理布局是确保新闻稿件整体效果的关键。在编排时，要注意稿件的篇幅、位置、标题、图片等元素的协调与搭配，形成视觉上的统一和和谐。同时，要根据不同媒体平台的特点和受众阅读习惯，灵活调整布局方式，增强稿件的阅读体验。

新闻稿件的编排应追求简洁明了，避免冗长和复杂的表述。标题要精练概括，正文要言简意赅，图片要直观易懂。通过简洁明了的编排方式，可以让读者迅速了解新闻内容，提高新闻的传播效率。

在编排过程中，要注重创新设计，运用新颖独特的排版方式、字体、颜色等元素，提升新闻稿件的视觉冲击力。创新设计不仅有助于吸引读者的眼球，还能增强新闻报道的品牌形象和辨识度。

（二）新闻稿件的发布策略

新闻稿件的发布渠道多种多样，包括报纸、电视、广播、网络等。在选择发布渠道时，要充分考虑稿件的内容、受众定位以及不同渠道的传播特点，选择最适合的渠道进行发布。同时，要关注新兴媒体平台的发展动态，积极拓展新的发布渠道，扩大新闻报道的覆盖面和影响力。

新闻稿件的发布时间对于传播效果具有重要影响。在确定发布时间时，要充分考虑新闻稿件的时效性、受众活跃时间以及媒体平台的发布规律等因素。对于重大新闻事件，要及时跟进报道，确保信息的及时传递；对于日常新闻，要选择受众活跃度高的时段进行发布，提高新闻的点击率和阅读量。

媒体是新闻稿件发布的重要合作伙伴。加强与媒体的合作与交流，有助于提升新闻稿件的传播效果。新闻编辑应主动与媒体建立联系，了解媒体的需求和特点，提供符合媒体要求的新闻稿件。同时，要积极参与媒体组织的活动，扩大与媒体的合作范围，提升新闻报道的知名度和影响力。

四、新闻编辑的审核与把关

新闻编辑是新闻传播流程中至关重要的一环，它不仅关系着新闻报道的质量和效果，还影响着新闻机构的形象和公信力。在新闻编辑工作中，审核与把关是不可或缺的任务，它们对于确保新闻报道的真实性、准确性、客观性和公正性具有至关重要的作用。

（一）新闻编辑审核与把关的内涵

新闻编辑的审核，主要是对新闻稿件进行全面的检查和评估，以验证其是否符合新闻机构的标准和要求。这包括对稿件的内容、结构、语言、事实准确性、信息来源等多个方面进行细致的检查。通过审核，可以确保稿件的质量达到一定的标准，为后续的编辑和发布工作奠定基础。

新闻编辑的把关，则是对新闻稿件进行严格的筛选和过滤，以确保其符合新闻传播的规范和原则。在把关过程中，编辑需要对稿件的政治导向、社会影响、道德伦理等方面进行综合考虑，以确保报道的客观性、公正性和合法性。

（二）新闻编辑审核与把关的重要性

新闻编辑的审核与把关对于新闻报道的质量和效果具有重要影响。首先，通过审核与把关，可以确保新闻报道的真实性。在新闻传播过程中，真实性是新闻报道的生命线。编辑通过对稿件的审核与把关，可以剔除虚假信息，避免误导读者。

其次，审核与把关有助于提升新闻报道的准确性。编辑在审核过程中会对稿件中的事实和数据进行逐一核实，确保报道内容的准确无误。同时，把关过程中也会对稿件的语言表达、逻辑结构等方面进行优化，提升报道的可读性和传播效果。

此外，新闻编辑的审核与把关还有助于维护新闻机构的形象和公信力。通过对稿件的严格筛选和过滤，编辑可以确保报道内容符合新闻机构的定位和风格，提升机构的品牌形象。同时，客观、公正的报道也有助于赢得读者的信任和认可，增强新闻机构的公信力。

（三）新闻编辑审核与把关的具体实践

在新闻编辑工作中，审核与把关的具体实践包括以下几个方面：

对稿件内容的审核与把关。编辑需要对稿件的主题、观点、事实等进行全面检查，确保报道内容符合新闻机构的要求和定位。对于涉及敏感话题或重大事件的报道，编辑需要格外谨慎，避免出现误导或歧义的情况。

对稿件来源的审核与把关。编辑需要对稿件的信息来源进行核实，确保信息的真实性和可靠性。对于未经核实的信息或来源不明的稿件，编辑需要谨慎处理，避免引发不必要的争议或纠纷。

对语言表达和格式规范的审核与把关。编辑需要对稿件的语言表达进行仔细检查，确保语言准确、流畅、简洁。同时，编辑还需要对稿件的格式规范进行检查，确保符合新闻机构的排版要求和风格。

第四节　新媒体编辑工具与技术的应用

一、新媒体编辑工具的选择与使用

在新媒体时代，编辑工具的选择与使用对于提升内容生产效率、优化用户体验以及增强品牌影响力具有重要意义。

（一）新媒体编辑工具的选择标准

在选择新媒体编辑工具时，首先应考虑其功能性与实用性。一个优秀的编辑工具应具备丰富的编辑功能，如文字排版、图片处理、视频剪辑等，以满足不同内容形式的需求。同时，工具的操作界面应简洁明了，易于上手，以提高编辑效率。

兼容性是确保编辑工具在不同平台和设备上顺畅运行的关键。在选择工具时，需关注其是否支持多种操作系统和设备类型，以便在不同场景下灵活使用。此外，稳定性也是不可忽视的因素，一个可靠的编辑工具应能在长时间的使用过程中保持稳定的性能表现。

随着网络安全问题的日益严峻，新媒体编辑工具的安全性也备受关注。在选择工具时，应关注其是否具备完善的安全防护机制，如数据加密、防病毒等，以确保用户数据的安全。同时，隐私保护也十分重要，工具应尊重用户的隐私权益，避免泄露用户信息。

（二）新媒体编辑工具的使用技巧

在使用新媒体编辑工具时，熟练掌握基本操作是提升编辑效率的关键。用户应通过官方文档、教程或在线课程等途径学习工具的基本功能和使用方法，并在实践中不断积累经验，提高操作熟练度。

排版与布局是新媒体内容呈现的重要组成部分。用户应根据内容类型和受众需求，灵活运用编辑工具的排版功能，调整字体、字号、颜色等元素，优化内容布局，增强阅读体验。

图片和视频是新媒体内容的重要组成部分，对于提升内容的吸引力和传播效果具有重要作用。用户应学习掌握编辑工具的图片处理和视频剪辑功能，对图片进行裁剪、调色、添加滤镜等操作，对视频进行剪辑、配音、添加字幕等处理，以提升内容的视觉效果和表现力。

（三）新媒体编辑工具的应用案例

微信公众号是新媒体内容传播的重要平台之一。在选择编辑工具时，可以考虑使用，"秀米""135 编辑器"等专为微信公众号设计的编辑工具。这些工具提供了丰富的模板和组件，方便用户快速搭建美观的公众号页面。同时，它们还支持一键排版、同步预览等功能，大大提高了编辑效率。

对于视频内容的编辑，可以使用 Adobe Premiere Pro、Final Cut Pro 等专业视频编辑软件。这些软件提供了强大的视频剪辑、特效处理、音频调节等功能，可以满足用户对视频内容的高品质需求。此外，还有一些轻量级的视频编辑工具，如剪映、快影等，适合初学者或有快速编辑需求的人。

对于需要在多个平台发布内容的用户，可以选择使用如 Canva、Contentful 等跨平台内容管理工具。这些工具支持多种内容形式的编辑和管理，如文字、图片、视频等，并能够将内容一键发布到多个平台，大大提高了内容管理的效率和便捷性。

（四）新媒体编辑工具的未来发展趋势

随着人工智能、大数据等技术的不断发展，新媒体编辑工具也在不断升级和创新。未来，编辑工具将更加智能化和个性化，将能够根据用户的需求和偏好提供定制化的编辑方案。同时，工具将更加注重用户体验和安全性，提供更加流畅、稳定、安全的编辑环境。

新媒体编辑工具的选择与使用对于提升内容生产效率、优化用户体验以及增强品牌影响力具有重要意义。在选择工具时，应关注其功能性与实用性、兼容性与稳定性以及安全性与隐私保护等方面。在使用工具时，应熟练掌握基本操作、灵活运用排版与布局以及注重图片与视频处理。通过不断学习和实践，新媒体从业者可以更好地利用编辑工具提升内容质量和传播效果。

总之，新媒体编辑工具是新媒体从业者不可或缺的重要助手。只有选择合适的工具并熟练掌握其使用方法，才能在激烈的市场竞争中脱颖而出，为受众提供更加丰富、优质的新媒体内容。

二、新媒体编辑技术的掌握与运用

随着信息技术的飞速发展，新媒体行业迅速崛起，成为信息传播的重要渠道。新媒体编辑技术作为新媒体内容生产的核心环节，对于提升内容质量、增强用户体验、推动信息传播具有至关重要的作用。

（一）新媒体编辑技术的基本构成

新媒体编辑技术涉及多个方面，主要包括文本编辑、图片处理、视频剪辑、音频编辑以及多媒体融合等。这些技术相互关联、相互支持，共同构成了新媒体内容生产的技术基础。

文本编辑是新媒体内容生产的基础，涉及文字排版、格式调整、错别字纠正等方面。掌握基本的文本编辑技巧，如字体选择、段落设置、标题设计等，有助于提升内容的可读性和吸引力。图片是新媒体内容的重要组成部分，图片处理技术包括图片裁剪、调色、滤镜应用等。通过运用这些技术，可以使图片更加美观、生动，增强内容的视觉冲击力。

视频剪辑是新媒体内容生产的关键环节，涉及视频素材的整理、剪辑、特效添加等。掌握视频剪辑技术，可以制作出更加精彩、有趣的视频内容，从而吸引更多用户的关注。音频编辑技术在新媒体内容生产中也占有重要地位，包括音频剪辑、混音、降噪等。通过运用这些技术，可以优化音频质量，增强用户的听觉体验。

多媒体融合技术是将文本、图片、视频、音频等多种媒体形式进行有机融合，形成丰富多样的新媒体内容的技术。掌握多媒体融合技术，可以实现不同媒体形式之间的无缝衔接，增强内容的整体效果。

（二）新媒体编辑技术的掌握方法

要掌握新媒体编辑技术，首先需要系统学习相关的基础知识。可以通过参加专业培训课程、阅读专业书籍、观看教学视频等途径获取知识。在学习过程中，要注重理论与实践相结合，多进行实践操作，加深对知识的理解和运用。实践是掌握新媒体编辑技术的关键。通过参与实际项目、制作案例作品等方式，不断积累实践经验，提升自己的技术水平。在实践过程中，要注重总结经验教训，不断改进和优化自己的编辑技巧。

新媒体行业日新月异，技术更新迅速。要保持对行业动态和技术更新的关注，及时了解新技术、新工具的出现和应用。可以通过参加行业会议、关注专业媒体、参与社群讨论等方式获取最新信息，保持与时俱进。

（三）新媒体编辑技术的运用策略

在运用新媒体编辑技术时，要根据内容需求选择合适的编辑技术。不同类型的内容可能需要不同的编辑方式和技术支持。例如：文字类内容可能更注重文本编辑和排版技巧，而视频类内容则可能需要更多的视频剪辑和特效处理。

新媒体内容的目标是吸引用户并与其建立互动关系。因此，在运用编辑技术时，要注重用户体验和互动性。可以通过优化页面布局、添加互动元素、设计吸引人的视觉效果等方式增强用户体验和加强互动性。

在竞争激烈的新媒体环境中，保持创新性和独特性至关重要。可以通过尝试新的编辑手法、运用新颖的技术工具、创造独特的视觉效果等方式提升内容的创新性和独特性，以吸引更多用户的关注和喜爱。

（四）新媒体编辑技术的发展趋势

随着技术的不断进步和新媒体行业的快速发展，新媒体编辑技术也在不断演进和创新。未来，新媒体编辑技术将更加智能化、个性化和多元化。例如：人工智能技术的应用将使得编辑过程更加自动化和智能化，可以提高编辑效率和质量；个性化推荐算法的应用将使得内容更加符合用户的兴趣和需求；虚拟现实、增强现实等新技术的应用将使得新媒体内容更加生动有趣，也让用户的沉浸感更强。

掌握与运用新媒体编辑技术是新媒体从业者必备的核心能力。通过系统学习基础知识、不断积累实践经验、关注行业动态和技术更新，可以不断提升自己的编辑技术水平。在运用编辑技术时，要注重内容需求、用户体验和互动性，保持创新和独特性。同时，还要关注新媒体编辑技术的发展趋势，不断学习和探索新的技术和应用方式，以适应快速变化的新媒体环境。

三、新媒体编辑工具与技术的创新实践

在信息化浪潮的推动下，新媒体行业得到了快速发展，与之相关的新媒体编辑工具与技术也在不断创新与实践。新媒体编辑工具与技术的创新实践，不仅提升了内容生产的效率和质量，还丰富了新媒体内容的表现形式和用户体验。

（一）新媒体编辑工具的创新实践

随着人工智能技术的不断发展，智能化编辑工具逐渐成为新媒体内容生产的重要助手。这些工具能够自动完成一些烦琐的编辑任务，如自动排版、错别字纠正、语法检查等，大大提高了编辑效率。同时，智能化编辑工具还能根据用户习惯和数据分析，为编辑者提供个性化的内容推荐和编辑建议，进一步提升内容质量。

在新媒体时代，内容需要在多个平台上进行发布和传播。因此，跨平台编辑工具的整合成了一种创新实践。这些工具能够支持多种格式和平台的编辑需求，实现一次编辑、多平台发布的目标。这不仅减少了编辑者的重复劳动，也提高了内容的一致性和传播效果。

团队协作是新媒体内容生产的重要环节。协同编辑工具的出现，使团队成员可以实时共享和编辑内容，提高了协作效率。这些工具通常具备版本控制、评论互动等功能，方便团队成员之间进行沟通和协作，共同打造出更加优质的内容。

（二）新媒体编辑技术的创新实践

多媒体融合技术能够将文字、图片、视频、音频等多种媒体形式进行有机融合，以形成丰富多样的新媒体内容。通过运用多媒体融合技术，编辑者可以创造出更具吸引力和表现力的内容，增强用户的阅读体验。

在大数据时代，数据可视化技术成为新媒体编辑的重要手段。通过将复杂的数据以图表、动画等形式呈现出来，编辑者能够更直观、生动地展示数据背后的故事和信息，增强内容的可读性和说服力。

虚拟现实和增强现实技术的快速发展，为新媒体编辑提供了全新的表现方式。通过运用这些技术，编辑者可以创造出沉浸式、交互式的内容体验，让用户仿佛置身于虚拟世界之中，感受到前所未有的视觉和听觉冲击。

（三）创新实践案例分析

某新闻网站利用智能化编辑工具提升内容生产效率，该新闻网站引入了智能化编辑工具，实现了自动排版、错别字纠正等功能。编辑者只需将原始稿件导入工具中，工具便能自动完成排版和纠错工作，大大节省了编辑者的时间和精力。同时，工具还能根据数据分析提供个性化的内容推荐，帮助编辑者挖掘更多有价值的新闻线索。

某短视频平台运用多媒体融合技术增强用户体验，该短视频平台注重多媒体融合技术的应用，将文字、图片、视频等多种媒体形式进行有机结合。编辑者可以根据内容需求选择合适的媒体形式进行创作，使短视频内容更加生动、有趣。同时，平台还提供了丰富的特效和滤镜功能，让用户在观看视频时能够获得更好的视觉体验。

（四）新媒体编辑工具与技术创新实践的意义

新媒体编辑工具与技术的创新实践对于提升内容生产效率、优化用户体验、推动行业发展具有重要意义。首先，创新实践使得编辑者能够更加高效地完成内容生产工作，减少重复劳动和人力成本；其次，创新实践丰富了新媒体内容的表现形式和用户体验，使得内容更加生动、有趣、易于理解；最后，创新实践也推动了新媒体行业的快速发展和变革，为行业的未来发展奠定了坚实的基础。

第五节 新闻编辑中的版权与知识产权保护

一、新闻编辑中的版权意识培养

随着信息技术的迅猛发展，新闻传播方式日益多样化，新闻编辑工作也面临着前所未有的挑战。在这个背景下，版权意识的培养显得尤为重要。

（一）新闻编辑中版权意识的重要性

版权是知识产权的重要组成部分，保护着创作者的合法权益。在新闻编辑工作中，尊重和保护版权不仅是法律的要求，更是维护新闻行业健康发展的重要保障。具体来说，版权意识在新闻编辑中的重要性主要体现在以下几个方面。

新闻作品是新闻工作者的智力成果，具有独创性和价值性。尊重和保护版权，就是对新闻工作者劳动成果的认可，有助于激发新闻工作者的创作热情，推动新闻行业的繁荣发展。版权意识强的新闻编辑人员会更加注重新闻来源的合法性和内容的真实性，避免抄袭、洗稿等侵权行为，从而提升新闻的质量和公信力。

尊重版权有助于建立良好的媒体合作与交流关系，推动新闻资源的共享和互利共赢，实现新闻行业的共同进步。

（二）新闻编辑中版权意识存在的问题

尽管版权意识在新闻编辑中具有重要意义，但在实际操作中，仍存在一些问题。

一些新闻编辑人员缺乏版权意识，对版权法律法规了解不足，容易在编辑过程中侵犯他人的版权。还有一些新闻编辑人员为了追求新闻的时效性和关注度，忽视了版权问题，导致抄袭、洗稿等侵权行为频发。

新闻行业在版权保护方面尚未形成完善的机制，对侵权行为的打击力度不够，使得一些新闻编辑人员心存侥幸，对版权问题视而不见。

（三）培养新闻编辑中版权意识的途径和方法

针对上述问题，我们可以从以下几个方面着手，培养新闻编辑人员的版权意识。

通过举办培训班、讲座等，对新闻编辑人员进行版权法律法规教育，使其了解版权的基本概念、法律要求和侵权后果，增强其版权保护意识。新闻单位应建立健全版权保护制度，明确版权归属、使用权限和侵权责任，为新闻编辑人员提供明确的操作指南。同时，建立版权保护监督机制，对侵权行为进行及时查处和处罚。

通过媒体平台、宣传栏等途径，广泛宣传版权保护的重要性和意义，引导新闻编辑人员树立正确的版权观念。同时，表彰在版权保护方面表现突出的个人和单位，发挥榜样示范作用。新闻编辑人员应具备高度的职业素养和道德观念，自觉遵守版权法律法规，尊重他人的智力成果。需加强职业道德教育，提升新闻编辑人员的职业素养，使其在工作中更加注重版权保护。

利用技术手段对新闻作品进行保护，如采用数字水印、版权管理等技术，防止作品被非法复制和传播。同时，建立新闻作品数据库，对作品进行统一管理和保护。

（四）版权意识培养的实践意义与长远影响

培养新闻编辑人员的版权意识不仅有助于解决当前新闻行业中存在的版权问题，更对新闻行业的长远发展具有深远影响。

首先，强化版权意识将提升新闻行业的整体形象和公信力。一个尊重版权、遵守法律的新闻行业，将赢得公众的信任和尊重，为行业的持续发展奠定坚实的基础。

其次，版权意识的提升将促进新闻行业的创新与发展。在尊重和保护版权的基础上，新闻工作者将更加注重原创性和创新性，以推动新闻内容和形式的多样化发展。

最后，培养版权意识还将有助于推动社会整体的版权保护氛围。新闻从业者作为社会舆论的重要引导者，其版权意识的提升将对社会公众产生积极的示范效应，推动全社会形成尊重和保护版权的良好氛围。

新闻编辑中的版权意识培养是一项长期且艰巨的任务。我们需要从加强教育、完善制度、强化宣传等多方面入手，不断提升新闻编辑人员的版权保护意识和能力。只有这样，我们才能构建一个健康、有序、充满活力的新闻行业，为社会的文明进步贡献力量。

在未来的工作中，我们应持续关注版权意识培养的实践效果，不断调整和完善培养策略，确保新闻编辑人员在面对复杂的版权问题时能够做出正确的判断和选择。同时，我们也应积极探索新技术、新方法在版权保护中的应用，为新闻编辑工作提供更加高效、便捷的版权保护手段。

二、新闻编辑中的知识产权保护措施

新闻编辑作为媒体行业的重要一环，不仅需要对新闻内容进行筛选、整理、加工和发布，更需要关注新闻内容所涉及的知识产权问题。在数字化、信息化快速发展的今天，知识产权的保护尤为重要。因此，新闻编辑在履行其职责时，应采取一系列的知识产权保护措施，以确保新闻报道的合法性、公正性和创新性。

（一）新闻编辑中知识产权的重要性

知识产权是人们在创造活动中所产生的智力成果所享有的权利，包括专利权、商标权、著作权等。在新闻编辑工作中，知识产权的保护直接关系着新闻报道的原创性、真实性和合法性。新闻编辑需要尊重和保护新闻来源的版权，避免侵犯他人的知识产权，以维护新闻行业的公信力和声誉。

（二）新闻编辑中知识产权保护的挑战

尽管知识产权保护的重要性不言而喻，但在实际的新闻编辑工作中，仍面临着诸多挑战。一方面，新闻编辑需要快速获取和发布新闻信息，以满足读者的需求，这可能导致对知识产权问题的忽视或疏忽。另一方面，互联网技术的快速发展使得信息的传播更加便捷，但也增加了侵权行为的隐蔽性和复杂性，给知识产权保护带来了更大的难度。

（三）新闻编辑中的知识产权保护措施

针对上述挑战，新闻编辑应采取以下措施来加强知识产权保护。

新闻编辑应充分认识到知识产权的重要性，增强自身的知识产权意识。在日常工作中，要时刻关注新闻内容所涉及的知识产权问题，了解相关法律法规和政策，确保新闻报道的合法性和规范性。

新闻编辑在筛选新闻内容时，应严格审核新闻来源的合法性和真实性。对于涉及知识产权问题的新闻内容，要进行深入调查和核实，确保新闻报道的原创性和真实性。同时，要避免使用未经授权的图片、视频等素材，以免侵犯他人的知识产权。

新闻单位应建立健全知识产权管理制度，明确新闻编辑在知识产权保护方面的职责和义务。制度应包括知识产权培训、新闻内容审核、侵权处理等方面的内容，为新闻编辑提供明确的工作指导和操作规范。

新闻编辑应积极与知识产权权利人进行沟通与合作，获取相关授权或许可。在新闻报道中引用他人的作品时，应注明出处和作者信息，尊重他人的知识产权。同时，要与权利人建立长期稳定的合作关系，共同推动新闻行业的健康发展。

新闻编辑可以利用技术手段加强知识产权保护。例如：采用数字水印技术，对新闻内容进行标识和追踪，以便在发生侵权行为时能够迅速定位和维权。此外，还可以使用版权保护软件或平台，对新闻内容进行加密和授权管理，防止未经授权的复制和传播。

当发现新闻报道中存在侵权行为时，新闻编辑应立即采取措施进行处理。首先，要立即停止侵权行为，删除或修改涉及侵权的内容。其次，要与权利人进行沟通，协商解决方案，如赔偿损失、获得授权等。最后，要将侵权情况报告给相关部门或机构，以便进一步追究侵权者的法律责任。

（四）新闻编辑中知识产权保护的实践意义

新闻编辑中的知识产权保护措施不仅有助于维护新闻行业的公信力和声誉，还具有以下实践意义。

知识产权保护是创新发展的基础。新闻编辑通过加强知识产权保护，可以激发新闻工作者的创新精神和创造力，推动新闻行业在内容、形式和技术等方面的不断创新和发展。知识产权保护有助于维护新闻市场的公平竞争环境。通过打击侵权行为，保护原创作品的合法权益，可以防止市场上出现大量低质量、抄袭的新闻报道，维护新闻市场的健康发展。

加强知识产权保护可以提升新闻编辑的职业素养和道德水平。新闻编辑在履行其职责时，需要遵守法律法规和职业道德规范，尊重他人的知识产权，这有助于提升新闻编辑的社会责任感和职业形象。

新闻编辑中的知识产权保护是一项长期且艰巨的任务。新闻编辑应充分认识到知识产权保护的重要性，并采取一系列措施加强保护，确保新闻报道的合法性、公正性和创新性。同时，新闻单位和社会各界也应共同努力，营造良好的知识产权保护氛围，推动新闻行业的健康发展。

在未来的工作中，新闻编辑应继续关注知识产权保护的最新动态和趋势，不断学习和掌握新知识、新技能，以适应不断变化的媒体环境和技术要求。同时，也要加强与其他媒体同行、法律专家和知识产权机构的交流与合作，共同推动新闻编辑中知识产权保护工作的深入开展。

三、新闻编辑中的版权纠纷处理

新闻编辑作为媒体行业中的核心环节，涉及新闻内容的筛选、整理、加工和发布等多个方面。在这个过程中，版权问题往往是一个重要且敏感的话题。由于新闻编辑工作的特殊性和复杂性，版权纠纷时有发生。因此，正确处理新闻编辑中的版权纠纷，对于维护媒体行业的正常秩序、保护各方权益具有重要意义。

（一）新闻编辑中版权纠纷的成因

新闻编辑中版权纠纷的成因多种多样，主要包括以下几个方面。

首先，新闻时效性的追求往往导致编辑人员在获取新闻素材时忽视了版权问题。为了抢发新闻，编辑人员可能未经授权就使用了他人的原创作品或图片，从而引发版权纠纷。

其次，新闻编辑过程中的引用和整合也可能涉及版权问题。在编写新闻稿件时，编辑人员需要引用其他媒体或个人的报道或观点。如果引用不当或未注明出处，就可能侵犯他人的版权。

最后，新闻编辑中的版权纠纷还可能源于对版权法律法规的不了解或误解。一些编辑人员可能对版权概念模糊，对版权保护的重要性认识不足，从而在编辑过程中无意侵犯了他人的版权。

（二）新闻编辑中版权纠纷处理的原则

在处理新闻编辑中的版权纠纷时，应遵循以下原则：

首先，尊重和保护原创作品是处理版权纠纷的基本原则。原创作品是作者智力劳动的成果，应受到法律的严格保护。新闻编辑在获取和使用新闻素材时，应尊重原创作品的版权，避免未经授权使用他人作品。

其次，公平、公正和合理是处理版权纠纷的重要原则。在处理纠纷时，应充分考虑各方利益，遵循公平、公正和合理的原则，确保纠纷得到妥善解决。

最后，法律法规是处理版权纠纷的依据和准则。在处理纠纷时，应遵守相关法律法规的规定，确保行为的合法性和规范性。

（三）新闻编辑中版权纠纷处理的策略与措施

针对新闻编辑中的版权纠纷，可以采取以下策略与措施进行处理：

新闻单位应加强对编辑人员的版权意识教育，使其充分认识到版权保护的重要性。通过举办培训班、开展讲座等形式，提高编辑人员的版权素养和法律意识，使其在编辑过程中自觉遵守版权法律法规。

新闻单位应建立严格的新闻素材审核制度，对获取的新闻素材进行严格的审核和筛选。确保所使用的素材来源合法、真实可靠，避免使用未经授权的作品或图片。

在编写新闻稿件时，编辑人员应规范引用和整合行为。对于需要引用的内容，应注明出处和作者信息，避免侵犯他人的版权。同时，在整合不同来源的信息时，应确保信息的准确性和客观性，避免误导读者或引发不必要的纠纷。

当发生版权纠纷时，新闻单位应积极应对和处理。首先，应尽快与权利人进行沟通，了解对方的诉求和意见。其次，根据纠纷的实际情况，采取合适的解决方式，如协商、调解或诉讼等。在处理纠纷过程中，应保持客观、公正的态度，尊重法律法规的规定，确保纠纷得到公正、合理的解决。

（四）新闻编辑中版权纠纷处理的保障机制

为了有效处理新闻编辑中的版权纠纷，还需要建立相应的保障机制。

政府应加强对版权法律法规的制定和完善，为新闻编辑中的版权保护提供有力的法律保障。同时，应加大对侵权行为的打击力度，提高侵权成本，降低侵权行为的发生概率。

新闻行业应加强自律和监管，建立健全的行业规范和标准。通过行业组织的引导和监督，促进新闻单位自觉遵守版权法律法规，维护行业的良好秩序。

随着科技的不断发展，新的技术手段不断涌现，为版权保护提供了更多的可能性。新闻单位应积极利用这些技术手段，如数字水印、版权保护软件等，提高新闻内容的版权保护水平。同时，还应加强技术创新和研发，推动版权保护技术不断进步。

　　新闻编辑中的版权纠纷处理是一项复杂而重要的工作。它需要新闻单位、编辑人员、政府部门和社会各界的共同努力和协作。通过加强版权意识教育、建立严格的审核制度、规范引用和整合行为以及及时应对和处理纠纷等措施，我们可以有效减少新闻编辑中的版权纠纷，维护媒体行业的正常秩序和各方权益。同时，通过完善法律法规体系、加强行业自律和监管以及强化技术支持和创新等保障机制，我们可以为新闻编辑中的版权保护提供更加坚实的保障和支持。

　　在未来的发展中，我们应继续关注新闻编辑中的版权问题，不断完善处理机制和保障措施，推动媒体行业的健康发展和社会的文化进步。

第六节　新闻编辑中的审美与排版艺术

一、新闻编辑中的审美原则

　　新闻编辑作为媒体传播的重要环节，其任务不仅是传递信息，还要通过巧妙的编辑手法，使新闻内容更具吸引力和感染力。在这个过程中，审美原则的运用显得尤为重要。新闻编辑中的审美原则，既体现在对新闻内容的筛选和呈现上，也反映在新闻的整体布局和风格塑造上。

（一）真实性与客观性原则

　　真实性和客观性是新闻编辑的基石，也是审美原则的基础。新闻编辑的首要任务是确保新闻内容的真实可靠，避免夸大、歪曲或虚构事实。同时，编辑应保持客观中立的立场，避免个人主观情感的过度介入。这种真实性与客观性的追求，体现了新闻编辑对事实的尊重和对读者的负责态度。

　　在审美层面，真实性和客观性要求新闻编辑在呈现新闻时，保持朴素、自然的风格，避免有过多的修饰和渲染。编辑应通过精练的语言和准确的表述，将事实原汁原味地呈现给读者，让读者能够自行判断和思考。

（二）简洁明了与重点突出原则

　　新闻编辑需要运用简洁明了的语言，将复杂的事件或信息清晰地传达给读者。这要求编辑在选取词汇和句式时，力求准确、精练，避免冗余和啰唆。同时，编辑还应根据新闻的重要性，合理安排段落和篇幅，确保重点内容得到突出展示。

　　在审美方面，简洁明了与重点突出原则要求新闻编辑在布局和排版上注重层次感和节奏感。通过合理的分段、标题设置和字体调整，使新闻内容呈现出清晰的逻辑结构和视觉效果，从而吸引读者的注意力并引导他们深入阅读。

（三）平衡与多样性原则

新闻编辑在处理新闻内容时，应注重平衡与多样性的原则。这包括平衡报道不同观点、不同立场的声音，以及平衡报道正面和负面的新闻。同时，编辑还应关注新闻题材的多样性，避免单一化、片面化的报道。

在审美层面，平衡与多样性原则要求新闻编辑在呈现新闻时注重整体布局的和谐与统一。通过合理安排不同题材、不同风格的新闻稿件，使版面呈现出丰富多彩的视觉效果。同时，编辑还应注重色彩、图片和文字的搭配，营造出既具现代感又符合新闻主题的视觉氛围。

（四）创新性与个性化原则

在新闻编辑中，创新性和个性化原则同样重要。随着媒体竞争的加剧和读者需求的多样化，新闻编辑需要不断探索新的报道形式、新的编辑手法，以吸引读者的眼球并满足他们的阅读需求。

在审美方面，创新性和个性化原则要求新闻编辑在保持基本审美规范的基础上，敢于突破传统，尝试新颖的编辑方式。这可以体现在标题的拟定、段落的划分、字体的选择以及图片和视频的运用等方面。通过独特的编辑手法和个性化的呈现方式，新闻编辑可以创造出独具魅力的新闻作品，以提升新闻的传播效果和影响力。

（五）文化敏感性与人文关怀原则

新闻编辑在处理新闻内容时，应充分考虑文化敏感性和人文关怀。这要求编辑在筛选和呈现新闻时，尊重不同文化背景下的价值观和习俗，避免引起文化冲突或误解。同时，编辑还应关注人的生存状态和精神世界，以人文关怀的视角去报道新闻，传递正能量和温暖。

在审美层面，文化敏感性与人文关怀原则要求新闻编辑在呈现新闻时，注重情感表达和人文关怀的融合。通过细腻的文字和生动的图片，展现新闻事件中的人性光辉和情感力量，使读者在获取信息的同时，也能感受到人性的温暖和美好。

新闻编辑中的审美原则是一个复杂且多元的话题，它涉及新闻编辑的多个方面和层次。真实性与客观性、简洁明了与重点突出、平衡与多样性、创新性与个性化以及文化敏感性与人文关怀等原则，共同构成了新闻编辑审美体系的基本框架。这些原则相互关联、相互补充，共同作用于新闻编辑的实践活动中，使新闻作品在传递信息的同时，也呈现出独特的审美价值和文化内涵。

在未来的新闻编辑工作中，我们应继续深入研究和探索这些审美原则，不断提升新闻编辑的审美素养和创新能力，为读者提供更加优质、更具魅力的新闻作品。同时，我们还应关注社会发展和读者需求的变化，不断调整和优化审美原则的运用方式和手段，使新闻编辑工作更加符合时代要求和发展趋势。

二、新闻稿件的排版技巧

新闻稿件是媒体传播信息、传递观点的重要载体。一个优秀的新闻稿件，除内容精准、语言流畅外，排版也是不可忽视的一环。良好的排版能够提升稿件的阅读体验，吸引读者的注意力，使信息更加有效地传达。

（一）标题的排版技巧

标题是新闻稿件的"门面"，是吸引读者注意的关键。因此，标题的排版尤为重要。

字体选择：标题字体应该醒目、易读，常用黑体、宋体加粗等字体。字体大小要适当，确保与正文形成鲜明对比，但不至于过于突兀。

字数控制：标题应简洁明了，尽量控制在一定字数范围内。过长的标题容易让读者失去阅读兴趣，过短的标题则可能无法准确概括新闻内容。

排版布局：标题应居中或左对齐，避免右对齐或居右。同时，标题与正文之间应保持适当的间距，避免过于紧凑或过于松散。

（二）正文的排版技巧

正文是新闻稿件的核心部分，其排版直接影响读者的阅读体验。

字体选择：正文一般采用宋体、仿宋等易于阅读的字体。字体大小要适中，确保读者能够轻松阅读。

行距与段距：行距和段距的设置要合理，避免文字过于拥挤或过于分散。一般来说，行距可设置为 1.5 倍或 2 倍，段距可略大于行距。

段落划分：正文应合理划分段落，每个段落应围绕一个中心思想展开。段落过长容易让读者感到疲劳，段落过短则可能影响信息的连贯性。

引用与注释：如有引用或注释，则应采用不同的字体或格式进行标注，以便读者区分。

（三）图片与图表的排版技巧

新闻稿件中常常需要插入图片和图表来辅助说明新闻内容。这些元素的排版同样需要注意。

图片选择：图片应与新闻内容紧密相关，具有代表性。图片质量要高，避免模糊、失真等问题出现。

图片大小与位置：图片大小要适中，既不能过大影响版面布局，也不能过小无法起到辅助说明的作用。图片位置应根据版面设计和内容需要来安排，可居中、居左或居右。

图表设计：图表应简洁明了，数据准确。图表颜色、线条等要素要与整体版面风格相协调。

图文配合：图片和图表应与正文内容相互呼应，共同构建完整的新闻信息。避免图片与文字内容脱节或重复。

（四）版面设计的整体原则

除以上提到的具体排版技巧外，新闻稿件的版面设计还需遵循以下整体原则。

一致性：整个版面应保持风格一致，包括字体、字号、颜色、排版布局等方面。这有助于增强版面的整体感和视觉冲击力。

简洁性：版面设计应简洁明了，避免有过多的装饰和复杂的元素。这有助于提升版面的清晰度和阅读性。

平衡性：版面元素应分布均衡，避免出现头重脚轻或左右失衡的情况。平衡性良好的版面能够给读者带来舒适的阅读体验。

创新性：在遵循以上原则的基础上，版面设计可以适度创新，尝试新的排版方式和元素组合。这有助于提升稿件的吸引力和传播效果。

（五）注意事项

在新闻稿件的排版过程中，还需要注意以下几点：

尊重版权：使用图片、图表等素材时，要尊重原作者的版权，避免侵权问题发生。

避免错别字和格式错误：在排版过程中要仔细检查，避免出现错别字、格式错误等问题。这些问题不仅会影响稿件的质量，还可能给读者带来阅读障碍。

适应不同媒体平台：不同媒体平台对稿件排版的要求可能有所不同。因此，在排版时要考虑到目标平台的特点和要求，进行适当的调整和优化。

三、新闻图片的选择与处理

在新闻报道中，新闻图片发挥着至关重要的作用。它们不仅能够直观地展示新闻事件，还能够增强新闻的可读性和吸引力。因此，选择和处理新闻图片是新闻工作中不可或缺的一环。

（一）新闻图片的选择原则

新闻图片应与报道内容紧密相关，能够直观地反映新闻事件的核心信息。在选择图片时，要关注图片所展示的场景、人物、物品等是否与报道内容相符，是否能够准确传递新闻信息。新闻图片必须真实可信，不得进行任何形式的篡改或伪造。在选择图片时，要确保图片内容真实反映新闻事件的实际情况，避免使用虚假或误导性的图片。

优秀的新闻图片往往具有强烈的视觉冲击力，能够吸引读者的眼球。在选择图片时，要关注图片的构图、色彩、光影等视觉元素，选择那些具有视觉吸引力的图片。新闻图片应能够引发读者的情感共鸣，使他们更加关注新闻事件。在选择图片时，要注重图片所传达的情感元素，选择那些能够触动读者内心的图片。

（二）新闻图片的处理技巧

裁剪是新闻图片处理中常用的一种手段，通过裁剪可以突出图片中的重点元素，去除冗余部分，使图片更加简洁明了。在裁剪时，要注意保持图片的完整性和真实性，避免过度裁剪导致信息丢失。同时，要注重构图技巧的运用，通过合理的构图可以使图片更具视觉冲击力。色彩是新闻图片中重要的视觉元素之一。通过调整图片的色彩，可以改变图片的氛围和情绪，增强图片的视觉效果。在处理新闻图片时，可以根据需要调整图片的色调、饱和度和对比度等参数，使图片色彩更加鲜明、自然。

清晰度是新闻图片质量的重要体现。通过调整图片的清晰度和锐度，可以使图片中的细节更加清晰、锐利，提升图片的整体质感。在处理新闻图片时，可以运用图像处理软件中的锐化工具，对图片进行适度的锐化处理，提高图片的清晰度。在新闻图片中添加适当的文字标注和说明，有助于读者更好地理解图片内容。标注和说明应简洁明了，避免使用过多的文字。同时，要注意文字与图片的搭配和协调，确保整体视觉效果的美观性。

（三）新闻图片处理的注意事项

在处理新闻图片时，要尊重原作者的版权，避免未经授权擅自使用他人的图片。

如需使用他人的图片，应事先征得原作者的同意，并注明图片来源和作者信息。在处理新闻图片时，要始终保持真实性原则，不得对图片进行任何形式的篡改或伪造。任何对图片的修改都应基于事实和真实性的需要，避免误导读者。

在处理新闻图片时，要遵循新闻伦理规范，尊重他人的隐私和尊严。避免使用涉及个人隐私或敏感信息的图片，确保新闻报道的可公开性、公正性和客观性。

第四章　新媒体时代的新闻编辑策略

第一节　新闻标题的撰写与吸引力打造

一、新闻标题的写作原则

新闻标题是新闻报道的"眼睛"，它不仅是新闻内容的概括和提炼，更是吸引读者注意力、引导读者阅读的关键所在。因此，新闻标题的写作至关重要。

（一）准确性原则

准确性是新闻标题写作的首要原则。标题必须准确反映新闻内容，不得夸大其词或歪曲事实。新闻工作者在写作标题时，应仔细核实新闻事实，确保标题与新闻内容一致，避免出现误导读者的情况。

（二）简洁性原则

新闻标题应简洁明了，言简意赅。标题过长不仅会使读者感到烦琐，还可能影响新闻的传播效果。因此，新闻工作者在写作标题时，应尽量使用简短的词汇和句式，突出新闻的核心信息，让读者一目了然。

（三）吸引性原则

新闻标题应具有吸引力，能够引起读者的兴趣和好奇心。一个好的标题能够迅速抓住读者的眼球，引导他们进一步阅读新闻内容。因此，新闻工作者在写作标题时，应注重运用修辞手法，如比喻、拟人、夸张等，使标题更加生动、形象、有趣。

（四）新颖性原则

新闻标题应具有新颖性，能够突出新闻的独特性和创新性。在信息爆炸的时代，读者对新闻的关注度越来越低，只有那些具有新颖性的标题才能引起他们的注意。因此，新闻工作者在写作标题时，应关注新闻事件的独特之处，突出其与众不同的特点，使标题更具吸引力。

（五）客观性原则

新闻标题应客观公正，不得带有个人主观色彩或偏见。新闻工作者在写作标题时，应保持客观中立的立场，避免使用带有情感色彩的词汇和表述方式，确保标题的公正性和客观性。

（六）针对性原则

新闻标题应具有针对性，能够针对目标读者群体进行精准传播。不同的读者群体对新闻的需求和关注点不同，因此，新闻工作者在写作标题时，应充分考虑目标读者的需求和兴趣，选择适当的词汇和表述方式，使标题更符合读者的阅读习惯和口味。

（七）创新性原则

新闻标题写作还应追求创新性。创新是新闻报道不断发展的重要动力，也是吸引读者的重要手段。新闻工作者在写作标题时，可以尝试运用新的表达方式、新的词汇组合和新的修辞手法，使标题更具创意和独特性。

（八）平衡性原则

新闻标题的写作还需要注意平衡性。平衡性不仅体现在标题的长短、句式结构等方面，还体现在标题与新闻内容的关系上。标题应既能概括新闻的主要内容，又能保持一定的悬念和吸引力，让读者在阅读新闻内容的过程中不断产生新的兴趣和期待。

（九）时效性原则

新闻标题的时效性也是不可忽视的一个方面。新闻本身就是时效性极强的信息，因此标题也应体现出新闻的时间性和紧迫感。在涉及突发事件或重大新闻时，标题应突出新闻的时间节点和进展情况，让读者迅速了解事件的最新动态。

（十）规范性原则

新闻标题的写作还需遵循一定的规范性原则。例如：标题应使用规范的汉语表达方式，避免使用生僻字、错别字或网络流行语等不规范用语；同时，标题的排版和格式也应符合新闻媒体的统一要求，保持整体的协调性和美观性。

二、新闻标题的创意构思

新闻标题是新闻报道的重要组成部分，它不仅需要准确传达新闻内容，还要在吸引读者眼球、激发阅读兴趣方面发挥关键作用。因此，创意构思在新闻标题写作中显得尤为重要。

（一）深入挖掘新闻价值，提炼独特视角

新闻标题的创意构思首先要从新闻内容本身出发，深入挖掘新闻的价值点，提炼出独特的视角和观点。新闻工作者需要对新闻事件进行深入的了解和分析，把握事件的本质和核心，从而找出最能吸引读者的切入点。通过独特的视角和观点，新闻标题能够凸显新闻的个性和特色，让读者在众多的新闻报道中一眼就能发现其与众不同之处。

（二）运用修辞手法，增强标题表现力

修辞手法是新闻标题创意构思的重要手段之一。通过运用比喻、拟人、夸张、对比等修辞手法，可以使标题更加生动、形象、有趣，以增强标题的表现力和吸引力。例如：可以使用比喻将抽象的概念具象化，让读者更容易理解；可以使用拟人将事物人格化，赋予其情感和生命力；可以使用夸张突出新闻事件的重要性和紧迫性；可以使用对比突出新闻事件的差异和变化。当然，在使用修辞手法时，新闻工作者要注意适度，避免过度使用或误用导致标题失真或产生歧义。

（三）巧妙运用网络热词，增加时代感

网络热词是反映时代潮流和社会热点的重要载体，巧妙运用网络热词可以为新闻标题增添时代感和流行元素。新闻工作者可以关注社会热点和网络动态，了解最新的网络热词和流行语，将其巧妙地融入新闻标题中，使标题更加贴近读者的生活和兴趣。当然，在使用网络热词时，新闻工作者要注意选择恰当、规范的词汇，避免使用过于低俗或敏感的词汇，以免影响标题的形象和传播效果。

（四）创新标题形式，打破常规思维

创新标题形式是新闻标题创意构思的又一重要方法。传统的新闻标题形式往往较为固定和单一，容易使读者产生审美疲劳。因此，新闻工作者可以尝试打破常规思维，创新标题形式，以新颖、独特的方式呈现新闻内容。例如：可以采用问句式标题引发读者的思考和好奇心；可以采用排比式标题增强标题的节奏感和气势；可以采用对仗式标题展现标题的对称美和和谐美。通过创新标题形式，新闻标题能够脱颖而出，从而吸引更多读者的关注和阅读。

（五）结合时事热点，制造话题效应

时事热点是公众关注的焦点，将时事热点与新闻标题相结合，可以制造话题效应，引发读者的广泛关注和讨论。新闻工作者可以关注国内外的重大事件、重要节日、纪念日等时事热点，将其与新闻内容相结合，创造出具有时效性和话题性的标题。例如：可以在重要的节日或纪念日发布相关新闻报道，利用节日氛围和纪念意义吸引读者的眼球；可以针对重大事件发布深度报道或评论文章，通过独特的观点和见解引发读者的思考和讨论。

（六）注重情感共鸣，拉近与读者的距离

情感共鸣是新闻标题吸引读者的重要因素之一。通过注入情感元素，新闻标题能够触动读者的内心，引发他们的共鸣和认同感。新闻工作者可以从人性、情感、生活等方面入手，挖掘新闻事件中的情感因素，将其融入标题中，使标题更具感染力和亲和力。例如：可以关注社会弱势群体或感人故事，通过讲述他们的经历和感受来激发读者的同情心和关注度；可以关注生活中的点滴细节和温馨瞬间，通过描绘这些美好画面来传递正能量和温暖情感。

三、新闻标题的修辞与表达

新闻标题作为新闻报道的"眼睛"，其修辞与表达的重要性不言而喻。好的标题不仅能够准确传达新闻内容，还能够吸引读者的注意力，引发他们的阅读兴趣。因此，新闻工作者需要掌握一定的修辞与表达技巧，以提升新闻标题的质量和吸引力。

（一）修辞手法在新闻标题中的应用

比喻：比喻是一种常用的修辞手法，其通过将不同的事物进行类比，使抽象的概念具象化，增强标题的形象性和生动性。例如："经济发展的'引擎'强劲启动"这一标题，将经济发展比喻为引擎，形象地表达了经济发展的强劲势头。

拟人：拟人手法将非人的事物或抽象概念赋予人的性格、行为或情感，使标题更加生动有趣。如"股市'狂欢'持续，投资者热情高涨"这一标题，将股市的繁荣景象拟人化为"狂欢"，生动地描绘了市场的热烈氛围。

夸张：夸张手法通过故意夸大或缩小事物的特征或程度，以突出新闻的重点或引起读者的注意。例如："巨无霸企业诞生，引领行业新潮流"这一标题，通过夸张的手法突出了企业的规模和影响力。

对比：对比手法通过比较不同事物或同一事物不同方面的差异，突出新闻的重点或揭示事物的本质。如"南北气温悬殊，南方暖如春，北方寒似冬"这一标题，通过对比南北气温的差异，吸引了读者的关注。

（二）表达方式在新闻标题中的运用

简洁明了:新闻标题应简洁明了，言简意赅。避免使用冗长的句子和复杂的词汇，而用简洁的语言概括新闻的主要内容。这样既能节省读者的阅读时间，又能确保信息的准确传达。

突出核心：新闻标题应突出新闻的核心内容，即新闻的主要事实、事件或观点。通过选择恰当的词汇和句式，将新闻的核心信息凸显出来，吸引读者的注意力。

引发兴趣：好的新闻标题应该能够引发读者的兴趣，激发他们的阅读欲望。这可以通过设置悬念、提出疑问或采用新颖的表达方式来实现。例如："揭秘：这座城市的夜生活为何如此迷人？"这一标题通过设置悬念，引发了读者的好奇心。

客观公正：新闻标题应客观公正地反映新闻事实，避免带有主观色彩或偏见。在选择词汇和表达方式时，要力求客观、中立，确保标题的公正性和客观性。

（三）修辞与表达在新闻标题中的综合应用

在新闻标题的创作过程中，修辞与表达是相辅相成、相互渗透的。修辞手法的运用可以增强标题的表现力和吸引力，而恰当的表达方式则能够确保标题的准确性和客观性。因此，新闻工作者在创作标题时，应综合考虑修辞与表达两个方面的因素，以达到最佳的效果。

具体来说，可以根据新闻的内容和特点选择合适的修辞手法和表达方式。对于重大事件或重要新闻，可以采用比喻、拟人等修辞手法来增强标题的形象性和生动性；对于揭示问题或揭示真相的新闻，可以采用对比、夸张等修辞手法来突出新闻的重点或揭示事物的本质。同时，在表达方式的使用上，要注重标题的简洁明了和突出核心，确保信息的准确传达和读者的阅读兴趣。

（四）注意事项与原则

在运用修辞与表达技巧创作新闻标题时，新闻工作者还需要注意以下事项和原则。

避免过度修辞：虽然修辞手法可以增强标题的吸引力，但过度使用可能导致标题失去真实性或产生歧义。因此，要适度运用修辞手法，确保标题的准确性和客观性。

尊重事实：无论采用何种修辞与表达方式，都必须尊重新闻事实，避免歪曲或夸大事实。标题应与新闻内容相符，确保信息的真实性。

保持创新性：在遵循传统修辞与表达技巧的基础上，新闻工作者还应积极探索新的表达方式，使标题更具创意和独特性。这有助于吸引读者的注意力，提升新闻的传播效果。

四、新闻标题的吸引力提升技巧

在新闻传播中，标题作为新闻内容的精练概括，承担着吸引读者注意力、引导读者阅读方向的重要任务。一个具有吸引力的新闻标题，不仅能够提升新闻报道的传播效果，还能够激发读者的阅读兴趣，促使他们进一步了解新闻内容。因此，提升新闻标题的吸引力成为新闻工作者需要掌握的重要技能。

（一）紧扣热点，突出时效性

时效性是新闻的基本特征之一，也是提升标题吸引力的关键因素。新闻工作者应密切关注时事热点，及时捕捉社会关注的焦点话题，并将其融入标题中。通过突出新闻的时效性，标题能够迅速抓住读者的眼球，引发他们的好奇心和关注度。例如：针对重大事件或突发事件，可以在标题中明确标注时间、地点等关键信息，强调新闻的新鲜感和重要性。

（二）运用修辞手法，增强表达效果

修辞手法是提升新闻标题吸引力的有效手段。运用比喻、拟人、夸张等修辞手法，可以使标题更加生动、形象、有趣，增强表达效果。例如：可以使用比喻将抽象的概念具象化，让读者更容易理解；可以使用拟人将事物人格化，赋予其情感和生命力；可以使用夸张突出新闻事件的重要性和紧迫性。但需要注意的是，修辞手法的运用应适度，避免过度夸张或失真，以确保标题的准确性和客观性。

（三）设置悬念，引发读者好奇心

设置悬念是提升新闻标题吸引力的常用技巧。通过在标题中留下悬念或提出疑问，可以激发读者的好奇心和探究欲，促使他们主动点击阅读新闻内容。例如：可以使用"揭秘""曝光""惊现"等词汇来制造悬念，或者在标题中设置疑问，引导读者思考并寻找答案。但需要注意的是，悬念的设置应合理且与新闻内容紧密相关，避免误导读者或产生歧义。

（四）突出新闻价值，强调重要性

新闻标题应突出新闻的价值和重要性，以吸引读者的关注。在撰写标题时，新闻工作者需要深入挖掘新闻事件的内涵和意义，强调其对社会、政治、经济等方面的影响。通过突出新闻的价值和重要性，标题能够引起读者的兴趣和共鸣，提升新闻的传播效果。例如：可以强调新闻事件的独特性、创新性或对社会发展的推动作用，使标题更具吸引力和说服力。

（五）注重个性化表达，展现独特风格

在新闻标题的创作中，注重个性化表达也是提升吸引力的关键。新闻工作者应尝试打破常规思维，采用新颖、独特的表达方式，使标题更具个性和创意。通过展现独特的风格和特色，标题能够在众多新闻报道中脱颖而出，吸引读者的注意。例如：可以采用幽默诙谐的语言风格，使标题更加生动有趣；或者采用文艺化的表达方式，使标题更具诗意和美感。

（六）简洁明了，避免冗长烦琐

新闻标题应简洁明了，避免冗长烦琐。过长的标题容易使读者感到疲惫和厌烦，影响阅读体验。因此，新闻工作者在撰写标题时，应尽量言简意赅，用精练的语言概括新闻的主要内容。同时，要注意避免使用生僻字、复杂句式等难以理解的元素，确保标题的通俗性和易读性。

（七）关注受众需求，精准定位目标群体

在提升新闻标题吸引力的过程中，关注受众需求、精准定位目标群体也是非常重要的。不同的受众群体有不同的阅读需求和兴趣点，因此新闻工作者需要深入了解目标受众的特点和喜好，根据他们的需求来创作标题。例如：针对年轻人群体，可以采用更加时尚、潮流的表达方式；针对中老年人群体，可以更加注重标题的朴实性和易懂性。通过精准定位目标群体并满足他们的需求，使标题能够更好地吸引读者的关注和兴趣。

第二节　新闻内容的筛选与整合

一、新闻内容的筛选标准

新闻内容的筛选是新闻制作过程中不可或缺的一环，它决定了哪些信息最终能够呈现在读者面前。筛选新闻内容时，必须遵循一系列明确的标准，以确保所传播的信息的准确性、时效性、客观性和价值性。

（一）准确性标准

准确性是新闻内容筛选的首要标准。新闻工作者在筛选新闻时，必须确保所报道的事实准确无误，避免传播虚假信息或误导读者。这要求新闻工作者具备扎实的

新闻素养和严谨的工作态度，对新闻来源进行认真核实，对新闻事实进行反复确认，确保每一条新闻都是真实可靠的。

（二）时效性标准

时效性是新闻的生命线，也是新闻内容筛选的重要标准。新闻工作者在筛选新闻时，应优先选择那些具有时效性的信息，即最新发生、最能反映当前社会动态和热点话题的新闻。通过及时报道最新消息，新闻工作者能够满足读者对新鲜信息的需求，提升新闻报道的传播效果。

（三）重要性标准

重要性是新闻内容筛选的又一关键标准。新闻工作者在筛选新闻时，应关注那些对社会发展、人民生活具有重要影响的新闻事件。这些事件往往涉及国家政策、社会热点、民生问题等方面，对读者具有较大的参考价值。通过报道这些重要事件，新闻工作者能够引导读者关注社会大局，增强读者的社会责任感和使命感。

（四）客观性标准

客观性是新闻内容筛选的基本原则。新闻工作者在筛选新闻时，应保持客观中立的立场，避免个人主观情感的干扰。在报道新闻时，应尊重事实真相，避免夸大或缩小事实，确保新闻报道的公正性和客观性。通过客观报道新闻事实，新闻工作者能够赢得读者的信任和尊重，提升新闻报道的公信力。

（五）价值性标准

价值性是新闻内容筛选的核心标准。新闻工作者在筛选新闻时，应关注那些具有新闻价值的信息，即能够引起读者兴趣、满足读者需求、推动社会发展的新闻。这些新闻往往具有新颖性、独特性、趣味性等特点，能够吸引读者的眼球，引发读者的共鸣。通过报道这些具有新闻价值的新闻，新闻工作者能够提升新闻报道的吸引力和影响力，实现新闻传播的社会价值。

（六）相关性标准

相关性是指新闻内容与读者需求、社会背景等方面的关联程度。新闻工作者在筛选新闻时，应关注那些与读者生活、工作、兴趣等密切相关的新闻，以及与当前社会背景、热点问题等紧密联系的新闻。新闻工作者通过报道这些具有相关性的新闻，能够更好地满足读者的需求，增强新闻报道的针对性和实效性。

（七）多样性标准

多样性是新闻内容筛选的重要补充标准。新闻工作者在筛选新闻时，应注重新闻题材的多样性，避免过度集中于某一领域或话题。新闻工作者通过报道不同领域、不同层面的新闻，能够展现社会的多元性和复杂性，为读者提供更为全面、丰富的信息。同时，多样性也有助于提升新闻报道的趣味性和可读性，吸引更多读者的关注。

二、新闻内容的整合方法

新闻内容的整合是新闻制作过程中的关键环节，它涉及对多渠道来源的新闻素材进行有效筛选、加工和呈现，以形成一篇完整、连贯、有价值的新闻报道。有效的新闻内容整合不仅可以提升新闻报道的质量和传播效果，还能满足读者的信息需求，增强新闻媒体的竞争力。

（一）明确整合目的与主题

在进行新闻内容整合之前，首先要明确整合的目的和主题。整合目的是指通过整合新闻内容达到想要的效果，如提高新闻的可读性、增强新闻的传播力等。整合主题则是指新闻报道的核心话题或中心思想，它应该贯穿整个新闻报道的始终。明确整合目的与主题有助于新闻工作者在整合过程中保持清晰的思路和明确的方向。

（二）多渠道收集新闻素材

新闻内容的整合需要丰富的素材作为基础。新闻工作者应通过多渠道收集新闻素材，包括传统媒体、网络媒体、社交媒体等。在收集过程中，要注意筛选真实可靠、具有新闻价值的素材，避免使用虚假或低质量的信息。同时，还要关注不同渠道之间的信息互补性，以便在整合过程中形成更为全面、客观的报道。

（三）梳理与分析新闻素材

收集到新闻素材后，接下来是对其进行梳理与分析。首先，要对素材进行分类整理，按照主题、时间、地点等维度进行归纳。其次，要对素材进行深入分析，挖掘其背后的新闻价值和社会意义。在分析过程中，要关注新闻素材之间的联系和差异，以便在整合过程中形成更为紧密的逻辑关系。

（四）提炼核心信息与观点

在梳理与分析新闻素材的基础上，新闻工作者需要提炼出核心信息与观点。核心信息是指新闻报道中最重要、最具代表性的内容，它应该能够概括新闻报道的主要内容和精神实质。观点则是新闻工作者对新闻事件的看法和态度，它应该是基于事实、客观公正的表达。提炼核心信息与观点有助于新闻工作者在整合过程中形成明确的主线和观点立场。

（五）构建逻辑框架与结构

整合新闻内容时，构建逻辑框架与结构至关重要。新闻工作者应根据核心信息与观点，设计合理的报道结构，包括开头、主体、结尾等部分。开头部分应引人入胜，以迅速吸引读者的注意力；主体部分应详细阐述新闻事件的发展过程、原因、影响等方面，确保信息完整、逻辑清晰；结尾部分则应对新闻报道进行总结，强调新闻价值或提出展望。

（六）运用恰当的叙述方式与语言风格

在整合新闻内容时，叙述方式与语言风格的选择也至关重要。新闻工作者应根据新闻报道的主题和受众特点，选择恰当的叙述方式和语言风格。例如：对于严肃的新闻事件，可以采用客观、严谨的叙述方式；对于轻松活泼的话题，则可以采用生动有趣的叙述方式和语言风格。同时，还要注意语言的准确性和精练性，避免使用模糊、冗长的表达。

（七）融入多媒体元素，增强可读性

随着媒介融合的不断发展，多媒体元素在新闻报道中的应用越来越广泛。在整合新闻内容时，新闻工作者可以融入图片、视频、音频等多媒体元素，以增强新闻报道的可读性和吸引力。这些多媒体元素可以直观地展示新闻现场、人物形象等关键信息，让读者更直观地了解新闻事件。同时，还可以利用交互式设计等方式提升读者的参与度和阅读体验。

（八）审稿与修改完善整合效果

完成新闻内容的整合后，审稿与修改是不可或缺的一步。新闻工作者应对整合后的新闻稿进行仔细审查，确保信息的准确性、逻辑的清晰性和语言的规范性。同时，还要根据审稿意见进行修改完善，进一步提升新闻报道的质量和整合效果。

三、新闻内容的深度挖掘

在新闻传播领域，深度挖掘新闻内容不仅是提升新闻报道质量的重要手段，也是满足读者深层次信息需求的关键途径。通过对新闻事件进行深入剖析和解读，新闻工作者能够揭示事件背后的真相、原因和影响，为读者提供更为全面、深入的新闻报道。

（一）明确深度挖掘的目标与方向

在进行新闻内容的深度挖掘之前，新闻工作者首先需要明确挖掘的目标与方向。这包括确定新闻报道的主题、核心问题和关键信息，以及明确挖掘的侧重点和深度。通过明确目标与方向，新闻工作者能够有针对性地开展深度挖掘工作，避免偏离主题或遗漏重要信息。

（二）全面了解新闻事件的背景与相关信息

深度挖掘新闻内容的前提是对新闻事件有全面、深入的了解。新闻工作者需要通过查阅相关资料、采访相关人士等方式，收集新闻事件的背景信息、历史沿革、相关政策和法律法规等信息。这些信息有助于新闻工作者更好地理解新闻事件的本质和内涵，为深度挖掘提供坚实的基础。

（三）多角度、多层次分析新闻事件

深度挖掘新闻内容需要从多个角度、多个层次对新闻事件进行分析。这包括分析事件的起因、经过、结果和影响，探讨事件背后的社会、经济、文化等因素，以及分析事件中涉及的人物、组织、利益关系等。通过多角度、多层次的分析，新闻工作者能够揭示新闻事件的复杂性和多面性，为读者提供更为全面、深入的报道。

（四）挖掘新闻事件中的独特性与亮点

每个新闻事件都有其独特性和亮点，这是深度挖掘新闻内容的重要方向。新闻工作者需要敏锐地捕捉新闻事件中的独特元素和亮点，通过深入剖析和解读，展现事件的个性化和创新性。这些独特性和亮点不仅能够吸引读者的注意力，还能够提升新闻报道的价值和影响力。

（五）关注新闻事件的后续发展与影响

新闻事件往往具有连续性和发展性，因此深度挖掘新闻内容需要关注事件的后续发展与影响。新闻工作者需要对新闻事件进行持续跟踪报道，关注事件的变化和进展，及时报道新的信息和动态。同时，还需要对事件的影响进行深入分析，探讨其对相关领域和社会整体的影响和意义。

（六）运用专业知识与技能进行深度剖析

深度挖掘新闻内容需要新闻工作者具备扎实的专业知识和技能。新闻工作者需要熟悉新闻传播理论、媒体技术等方面的知识，掌握采访、写作、编辑等基本技能。同时，还需要具备敏锐的洞察力和分析能力，能够从复杂的信息中提炼出有价值的

内容。通过运用专业知识和技能，新闻工作者能够更深入地挖掘新闻内容的内涵和价值。

（七）加强团队协作与资源共享

深度挖掘新闻内容往往需要团队协作和资源共享。新闻工作者需要与同事、同行、专家等进行深入交流和合作，共同分析和解读新闻事件。通过团队协作，可以集思广益、互相启发，加大深度挖掘的质量和效率。同时，还需要加强资源共享，充分利用各种信息资源和媒体平台，为深度挖掘提供有力的支持。

（八）注重反馈与调整优化深度挖掘策略

深度挖掘新闻内容是一个不断试错和优化的过程。新闻工作者需要注重读者反馈和市场反应，及时调整和优化深度挖掘策略。通过收集和分析读者的意见和建议，了解读者的需求和期望，进一步优化报道内容和形式。同时，还需要关注市场变化和竞争态势，及时调整报道方向和重点，保持新闻报道的时效性和竞争力。

四、新闻内容的创新呈现

在当今这个信息爆炸的时代，新闻内容的创新呈现显得尤为重要。传统的新闻报道方式已经难以满足读者的多元化需求，因此，新闻工作者需要不断探索新的报道形式、表达方式和传播渠道，以吸引读者的眼球并提升新闻的传播效果。

（一）创新报道形式，打破常规框架

传统的新闻报道往往采用固定的格式和套路，使得新闻报道显得单调乏味。为了创新呈现新闻内容，新闻工作者需要打破常规框架，尝试采用多种报道形式。例如：可以采用故事化的叙述方式，将新闻事件以故事情节的形式展现，使读者更容易产生共鸣和兴趣。此外，还可以运用图表、漫画、视频等多媒体元素，以更加直观、生动的方式呈现新闻内容。

（二）运用新媒体技术，拓展传播渠道

随着新媒体技术的不断发展，新闻内容的传播渠道也在不断拓宽。新闻工作者应充分利用新媒体技术，将新闻内容以更加多样化的方式呈现给读者。例如：可以通过社交媒体平台发布新闻，利用微博、微信等渠道与读者进行互动和交流。同时，还可以利用短视频、直播等新媒体形式，将新闻现场实时呈现给读者，增强新闻的时效性和现场感。

（三）注重个性化表达，满足不同读者需求

每个读者都有自己的兴趣和需求，因此新闻工作者在呈现新闻内容时，需要注重个性化表达，以满足不同读者的需求。可以通过对读者进行细分，针对不同群体制定不同的报道策略和内容。例如：对于年轻读者群体，可以采用更加轻松活泼的语言风格和报道方式；对于专业读者群体，可以提供更加深入、专业的分析和解读。

（四）强化互动体验，增强读者参与感

互动体验是提升新闻传播效果的重要手段。新闻工作者可以通过设置话题讨论、在线调查等方式，引导读者参与新闻的讨论和互动。同时，还可以利用虚拟现实、增强现实等技术，为读者提供沉浸式的新闻体验，使读者能够更加深入地了解新闻事件的背景和细节。

（五）关注社会热点，挖掘新闻深度

社会热点是新闻内容创新呈现的重要源泉。新闻工作者应敏锐地捕捉社会热点话题，深入挖掘其背后的故事和价值。通过对热点话题的深入剖析和解读，不仅能够吸引读者的关注，还能够提升新闻报道的深度和影响力。

（六）跨领域合作，拓宽新闻视野

新闻内容的创新呈现需要跨领域的合作与交流。新闻工作者可以与其他行业、领域的专家或机构进行合作，共同策划和制作新闻报道。通过跨领域合作，可以引入更多的新鲜元素和观点，拓宽新闻报道的视野和深度。

（七）培养创新思维，不断尝试创新实践

创新思维的培养是新闻内容创新呈现的关键。新闻工作者需要保持开放的心态和敏锐的洞察力，不断尝试新的报道形式、表达方式和传播渠道。通过不断的实践和总结，逐渐形成自己独特的创新风格和报道特色。

（八）注重用户反馈，持续优化创新策略

用户反馈是新闻内容创新呈现的重要参考依据。新闻工作者需要关注读者的反馈意见和建议，及时调整和优化创新策略。通过持续改进和创新，不断提升新闻报道的质量和传播效果。

综上所述，新闻内容的创新呈现需要从多个方面进行探索和实践。新闻工作者需要打破常规框架、运用新媒体技术、注重个性化表达、强化互动体验、关注社会热点、跨领域合作、培养创新思维并注重用户反馈。通过不断的努力和创新实践，

新闻工作者能够呈现出更加新颖、有趣、有价值的新闻报道，满足读者的多元化需求并提升新闻传播的效果。

第三节　新闻专题的策划与制作

一、新闻专题的选题策划

新闻专题作为媒体深度报道的重要形式，其选题策划至关重要。选题策划不仅关系到新闻报道的质量和影响力，还直接影响着媒体的品牌形象和市场竞争力。因此，新闻工作者需要高度重视新闻专题的选题策划工作，确保选题具有新闻价值、社会意义和市场潜力。

（一）明确选题策划的目标与定位

在进行新闻专题选题策划之前，首先要明确选题策划的目标与定位。目标是指选题策划想要达到的效果，如提升新闻报道的深度、广度、影响力等；定位则是指选题策划所针对的读者群体和市场需求。明确目标与定位有助于新闻工作者在选题策划过程中保持清晰的方向和明确的重点。

（二）分析社会热点与受众需求

选题策划需要紧密结合社会热点和受众需求。新闻工作者需要密切关注时事动态，了解社会热点话题和公众关注焦点。同时，还需要通过市场调研、读者反馈等方式，了解受众的信息需求和阅读习惯。在此基础上，结合媒体自身的定位和特色，筛选出具有新闻价值和社会意义的选题。

（三）挖掘新闻背后的深度与广度

新闻专题的选题策划需要深入挖掘新闻背后的深度与广度。这包括分析新闻事件的起因、经过、结果和影响，探讨事件背后的社会、经济、文化等因素，以及揭示事件所反映的深层次问题和趋势。通过深入挖掘，新闻专题能够呈现出更加全面、深入的报道内容，提升新闻报道的质量和影响力。

（四）注重创新性与独特性

在选题策划过程中，新闻工作者需要注重创新性和独特性。创新是新闻专题的生命线，只有独特的选题才能吸引读者的眼球并引起社会关注。因此，新闻工作者需要在选题策划中尝试新的角度、新的思路、新的表达方式，以呈现别具一格的新闻报道。同时，还需要关注国内外同行的报道动态，避免选题重复和雷同，确保新闻专题的独特性和创新性。

（五）平衡新闻价值与市场需求

新闻专题的选题策划需要在新闻价值和市场需求之间寻求平衡。新闻价值是选题策划的核心，它要求选题具有真实性、时效性、重要性等特点。市场需求则是选题策划的重要参考，它要求选题能够符合读者的信息需求和阅读习惯，具有一定的市场潜力和商业价值。在选题策划过程中，新闻工作者需要综合考虑新闻价值和市场需求，确保选题既具有新闻价值，又能够满足市场需求。

（六）制订详细的策划方案与实施计划

选题策划完成后，新闻工作者需要制订详细的策划方案与实施计划。策划方案应包括选题背景、报道思路、内容框架、时间安排等要素，确保新闻报道能够有序、高效地进行。实施计划则包括人员分工、资源调配、预算安排等具体事项，确保新闻报道能够顺利进行并取得预期效果。

（七）加强团队协作与沟通

新闻专题的选题策划需要团队协作与沟通。新闻工作者需要与同事、专家、受众等各方进行充分沟通和交流，共同商讨选题策划的方案和实施计划。通过团队协作，可以集思广益、互相启发，提高选题策划的质量和效率。同时，还需要加强与其他部门的协作与配合，确保新闻报道的顺利推进和最终呈现。

（八）注重反馈与调整优化选题策划

选题策划并非一蹴而就的，而是需要不断反馈与调整优化。新闻工作者需要在新闻报道实施过程中密切关注读者反馈和市场反应，及时收集和分析相关数据和信息。根据反馈结果，对选题策划进行调整和优化，以确保新闻报道能够更好地满足读者需求和市场变化。

综上所述，新闻专题的选题策划是一项复杂而细致的工作，需要新闻工作者具备敏锐的洞察力、丰富的专业知识和良好的团队协作能力。通过明确选题策划的目标与定位、分析社会热点与受众需求、挖掘新闻背后的深度与广度、注重创新性与独特性、平衡新闻价值与市场需求、制订详细的策划方案与实施计划以及加强团队协作与沟通、注重反馈与调整优化选题策划等步骤和策略，新闻工作者能够策划出具有新闻价值、社会意义和市场潜力的新闻专题选题，为提升新闻报道质量和影响力奠定坚实基础。

二、新闻专题的内容组织

新闻专题作为一种深度报道形式，其内容组织对于提升报道质量和吸引读者至关重要。内容组织不仅是将各种信息素材进行有效整合的过程，更是展现新闻主题、凸显新闻价值、引导读者思考的重要手段。

（一）明确专题主旨与核心议题

内容组织的首要任务是明确新闻专题的主旨与核心议题。主旨是新闻专题想要传达的主要观点或思想，而核心议题则是围绕主旨展开的具体讨论点。新闻工作者需要深入研究新闻事件，提炼出具有代表性和普遍意义的议题，确保专题内容紧扣主题，突出新闻价值。

（二）构建逻辑清晰的内容框架

构建逻辑清晰的内容框架是新闻专题内容组织的关键。新闻工作者需要根据新闻事件的发展脉络和内在逻辑，将相关信息素材进行有序排列和组合。框架的构建应遵循"总—分—总"的结构，即先概括介绍新闻事件的整体情况，然后分点阐述具体细节和观点，最后进行总结和升华。这样的框架有助于读者快速把握新闻专题的主要内容，了解事件的来龙去脉。

（三）注重信息的筛选与整合

新闻专题涉及的信息量往往较大，新闻工作者需要对其进行筛选和整合。筛选信息时，应优先考虑与专题主旨紧密相关、具有代表性和权威性的素材。整合信息时，应注重信息的内在联系和逻辑关系，避免信息的重复和冗余。通过筛选和整合，新闻专题能够呈现出更加精练、有力的内容。

（四）运用多元化的报道形式

新闻专题的内容组织应运用多元化的报道形式，以丰富报道内容、提升报道质量。除传统的文字报道外，新闻工作者还可以结合图片、图表、视频、音频等多种元素，通过图文并茂、视听结合的方式呈现新闻事件。多元化的报道形式有助于增强新闻的吸引力和可读性，增强读者的阅读体验。

（五）深入剖析与解读新闻事件

新闻专题的内容组织需要深入剖析和解读新闻事件，揭示事件的本质和深层含义。新闻工作者需要运用专业知识和分析能力，对新闻事件进行多角度、多层次的探讨。同时，还可以结合专家观点、背景资料等，为读者提供全面、深入的解读。这样的内容组织有助于提升新闻专题的深度和广度，增强报道的权威性和说服力。

（六）关注受众需求与阅读体验

新闻专题的内容组织应始终关注受众需求和阅读体验。新闻工作者需要了解受众的信息需求和阅读习惯，根据受众的特点和喜好来组织内容。例如：可以采用简洁明了的语言风格、设置悬念和冲突等手法，吸引读者的注意力并激发他们的阅读兴趣。同时，还需要注重版面的设计和排版，使内容呈现更加美观、易读。

（七）强化新闻专题的连贯性与整体性

新闻专题的内容组织需要强化其连贯性与整体性。这要求新闻工作者在策划和撰写过程中保持清晰的思路，确保各部分内容之间的衔接和呼应。通过合理的过渡和衔接手段，使整个专题内容形成一个有机整体，让读者能够轻松理解和接受。

（八）持续更新与补充专题内容

新闻事件的发展往往具有动态性和不确定性，因此新闻专题的内容组织需要持续更新与补充。新闻工作者需要密切关注新闻事件的最新进展和变化，及时收集和整理新的信息素材，对专题内容进行更新和补充。这样的做法有助于保持新闻专题的时效性和新鲜感，吸引读者的持续关注。

综上所述，新闻专题的内容组织是一项复杂而细致的工作，需要新闻工作者遵循一定的原则和方法进行。通过明确主旨与核心议题、构建逻辑清晰的内容框架、筛选整合信息、运用多元化报道形式、深入剖析解读新闻事件、关注受众需求与阅读体验及强化连贯性与整体性、持续更新与补充专题内容等措施，新闻工作者能够组织出高质量、有深度的新闻专题内容，为读者提供优质的新闻阅读体验。同时，持续更新与补充专题内容也是保持其时效性和吸引力的重要手段。

三、新闻专题的呈现形式

新闻专题作为媒体深度报道的重要载体，其呈现形式直接关系到读者对新闻内容的理解和接受程度。在当今信息多元化的时代，新闻专题的呈现形式也呈现出多样化、创新化的趋势。

（一）传统新闻专题呈现形式及其特点

文字报道：文字报道是新闻专题最基础的呈现形式。通过文字描述，可以详细阐述新闻事件的发展脉络、背景信息及相关观点。文字报道具有信息量大、深度解析的特点，但也需要读者具备一定的阅读能力和理解能力。

图片报道：图片报道通过直观、生动的图像展示新闻现场和关键细节，增强读者的视觉冲击力。图片报道能够弥补文字报道的不足，让读者更直观地了解新闻事件。

图文结合：图文结合是新闻专题中常见的呈现形式，通过文字与图片的相互补充，既能够传达丰富的信息内容，又能够提升报道的可读性和吸引力。

（二）新媒体呈现形式及其优势

视频报道：视频报道通过动态的画面和声音，能够生动展现新闻事件的现场情况和关键瞬间。视频报道具有直观性、生动性的特点，能够吸引读者的注意力，增强报道的传播效果。

音频报道：音频报道通过声音传递新闻内容，适用于无法观看视频或文字的场景。音频报道可以通过讲述、访谈等形式，让读者以听觉方式了解新闻事件。

交互式呈现：新媒体技术使得新闻专题的呈现形式更加互动和个性化。通过设置互动环节、提供个性化推荐等方式，读者可以更加深入地参与新闻报道，增强阅读体验。

（三）创新性呈现形式的探索与实践

数据可视化：数据可视化是将大量数据以图表、动画等形式呈现出来，帮助读者更好地理解新闻事件背后的数据和信息。通过数据可视化，可以揭示新闻事件的发展趋势、关联性等，提升报道的深度和广度。

虚拟现实与增强现实：虚拟现实和增强现实技术为新闻专题的呈现提供了全新的可能性。通过构建虚拟的新闻现场或增强现实场景，读者可以身临其境般感受新闻事件，获得更加沉浸式的阅读体验。

社交媒体互动：社交媒体平台的普及使得新闻专题的呈现形式更加互动和多元。通过微博、微信等社交媒体平台，新闻工作者可以发布专题报道、发起话题讨论、收集读者反馈等，与读者进行实时互动，增强新闻报道的传播力和影响力。

（四）呈现形式的选择与运用策略

在选择和运用新闻专题的呈现形式时，新闻工作者需要考虑以下几个因素：

新闻事件的特点和性质：不同的新闻事件具有不同的特点和性质，需要选择适合的呈现形式来展现。例如：对于重大突发事件，可以采用视频报道或直播形式来及时传递现场情况；对于深度解析类报道，则可以采用文字报道或图文结合形式来详细阐述。

受众的需求和喜好：受众的需求和喜好也是选择呈现形式的重要依据。新闻工作者需要了解受众的信息获取习惯、阅读偏好等，选择能够吸引受众注意力、增强阅读体验的呈现形式。

媒体自身的定位和资源：媒体自身的定位和资源也是影响呈现形式选择的因素之一。新闻工作者需要根据媒体的特点、定位和所拥有的资源来选择合适的呈现形式，确保新闻报道的质量和效果。

四、新闻专题的传播效果评估

新闻专题作为媒体深度报道的重要形式，其传播效果直接反映了媒体的影响力和报道质量。因此，对新闻专题的传播效果进行科学的评估，不仅有助于媒体了解自身的传播效果和影响力，还能为未来的报道提供有益的参考和借鉴。

（一）传播覆盖面的评估

传播覆盖面是评估新闻专题传播效果的基础指标，它反映了新闻报道所覆盖的受众范围。具体评估方法包括以下几种：

统计媒体渠道的曝光量：通过收集和分析新闻报道在各类媒体渠道（如电视、广播、报纸、网络等）的曝光量数据，可以了解新闻报道的传播广度。这包括报道的播出或刊发次数、转发量、阅读量等指标。

分析受众覆盖情况：通过调查和分析受众的性别、年龄、地域、职业等特征，可以了解新闻报道所覆盖的受众群体。这有助于评估报道的受众覆盖范围和针对性。

（二）传播速度的评估

传播速度是评估新闻专题传播效果的重要指标之一，它反映了新闻报道从发布到传播给受众的速度。具体评估方法包括以下几种：

记录报道发布时间：详细记录新闻报道的发布时间，包括首次发布时间和在各媒体渠道的发布时间。

分析传播速度：通过比较报道发布时间与受众接触报道的时间，可以评估报道的传播速度。这可以通过收集和分析网络搜索量、社交媒体讨论量等数据来实现。

（三）受众反馈的评估

受众反馈是评估新闻专题传播效果的重要依据，它直接反映了受众对新闻报道的认知、态度和行为变化。具体评估方法包括以下几种：

收集受众意见：通过问卷调查、访谈等方式收集受众对新闻报道的意见和看法，了解他们对报道内容、形式、传播效果等方面的评价。

分析社交媒体互动：社交媒体是受众反馈的重要渠道之一。通过分析新闻报道在社交媒体上的点赞、评论、分享等互动数据，可以了解受众对报道的关注和讨论情况。

（四）传播效果的深度评估

除以上基础指标外，还需要对新闻专题的传播效果进行深度评估，以揭示报道对受众产生的深层次影响。具体评估方法包括以下几种：

分析报道议题的影响力：通过比较报道发布前后相关议题的讨论热度、政策变化等，可以评估报道对议题影响力的贡献程度。

评估报道的社会效应：分析新闻报道在推动社会问题解决、引导公众舆论、提高公众意识等方面的作用，以评估其社会效应。

（五）评估结果的应用与改进

在完成新闻专题的传播效果评估后，媒体应充分利用评估结果，对报道进行总结和反思，以便在未来的报道中不断改进和提升传播效果。具体应用与改进方法包括以下几种：

总结报道亮点与不足：根据评估结果，分析报道在内容、形式、传播策略等方面的亮点和不足，为未来的报道提供借鉴和参考。

调整报道策略：针对评估结果中暴露的问题和不足，调整报道策略，优化报道内容和形式，增强传播效果。

强化受众互动与反馈机制：加强与受众的互动和沟通，收集和分析受众反馈数据，及时调整报道方向和策略，以满足受众需求。

（六）评估过程中需注意的问题

在进行新闻专题的传播效果评估时，还需要注意以下问题：

确保评估数据的真实性和准确性：评估数据的真实性和准确性直接关系到评估结果的可靠性。因此，在收集和分析数据时，应确保数据来源的可靠性和数据的准确性。

综合运用多种评估方法：不同的评估方法各有优劣，应综合运用多种方法进行评估，以获取更全面、准确的评估结果。

关注受众的多元化需求：受众的需求和喜好具有多样性，评估过程中应关注不同受众群体的需求和反馈，以便更好地满足他们的信息需求。

综上所述，新闻专题的传播效果评估是一个复杂而系统的过程，需要从多个维度进行评估和分析。通过科学的评估方法,媒体可以了解自身报道的传播效果和影响力,为未来的报道提供有益的参考和借鉴。同时,媒体还应根据评估结果不断调整和优化报道策略,以提高传播效果和服务质量。

第四节　新闻评论的撰写与引导

一、新闻评论的写作原则

新闻评论,作为新闻媒体的重要组成部分,不仅是传播信息、反映社会动态的渠道,更是引导舆论、塑造公众价值观的重要手段。因此,新闻评论的写作应遵循一系列原则,以确保其内容的客观性、公正性、深入性和引导性。

(一)客观性原则

客观性是新闻评论写作的首要原则。新闻评论作为新闻报道的延伸和深化,其基础依然是新闻事实。因此,在写作过程中,评论者必须尊重事实,以事实为依据,避免主观臆断和偏见。

客观性要求评论者在选择新闻事实时,要全面、准确地反映事件的各个方面,不夸大、不缩小、不歪曲事实。同时,在分析和评价事实时,应运用逻辑思维和科学方法,避免情绪化和片面性的判断。

(二)公正性原则

公正性是新闻评论写作的核心原则。公正性意味着评论者在写作过程中应秉持公正立场,不偏袒任何一方,不带有个人感情色彩。

公正性要求评论者在分析问题时,要站在客观的立场上,对各方观点进行客观、全面的评估。同时,在表达观点时,应使用客观、中性的语言,避免使用带有偏见或歧视性的词汇。

(三)深入性原则

深入性是新闻评论写作的重要原则。深入性意味着评论者在写作过程中应挖掘新闻事实背后的深层原因和本质问题,提出独到的见解和观点。

深入性要求评论者在分析问题时,不仅要关注事件的表面现象,更要深入剖析其背后的社会、经济、文化等因素。同时,在提出观点时,应有充分的论据支持,避免空洞无物的泛泛而谈。

（四）引导性原则

引导性是新闻评论写作的基本原则。新闻评论不仅是对新闻事实的报道和分析，更是对公众舆论的引导和塑造。因此，在写作过程中，评论者应发挥其引导舆论的作用，积极传播正能量，弘扬社会主义核心价值观。

引导性要求评论者在写作时，要关注社会热点和民生问题，积极回应公众关切，提出能够解决问题的建设性意见和建议。同时，在传播信息时，应注重传递积极向上的价值观，引导公众形成正确的世界观、人生观和价值观。

（五）语言精练、表达清晰原则

新闻评论作为一种文体，其语言应精练、准确、生动，能够清晰地表达评论者的观点和立场。在写作过程中，评论者应注重语言的锤炼和表达方式的创新，使评论内容既具有说服力又具有可读性。

精练的语言要求评论者在写作时，避免冗长烦琐的句子和重复的词汇，力求言简意赅地表达观点。同时，生动的表达方式则要求评论者善于运用比喻、排比等修辞手法，使评论内容更加生动有趣，能够吸引读者的注意力。

（六）结构严谨、逻辑清晰原则

新闻评论的结构应严谨、逻辑清晰，使读者能够轻松地理解评论者的观点和论证过程。在写作过程中，评论者应注重文章的谋篇布局和段落安排，使评论内容层次分明、条理清晰。

严谨的结构要求评论者在写作时，合理安排文章的开头、主体和结尾部分，确保各部分内容之间的衔接自然、流畅。同时，清晰的逻辑则要求评论者在论证过程中，遵循严密的逻辑链条，确保观点和论据之间的逻辑关系紧密、合理。

综上所述，新闻评论的写作应遵循客观性、公正性、深入性、引导性、语言精练与表达清晰以及结构严谨与逻辑清晰等原则。这些原则共同构成了新闻评论写作的基本框架和规范，为评论者提供了明确的写作方向和指导。在实际写作过程中，评论者应不断学习和实践这些原则，努力提升自己的写作水平，为新闻事业的发展贡献自己的力量。

二、新闻评论的观点表达

新闻评论作为新闻传播的重要组成部分，其核心观点的表达对于引导舆论、传播价值观念、促进社会发展具有重要意义。在新闻评论中，观点的表达需要遵循一定的原则和方法，以确保其准确、鲜明，有说服力。

（一）观点表达的准确性

准确性是新闻评论观点表达的首要原则。评论者必须确保所表达的观点基于事实、符合逻辑，避免主观臆断和错误判断。

为实现观点表达的准确性，评论者需要对新闻事件进行深入调查和研究，掌握全面、准确的信息。在表达观点时，应运用客观、理性的语言，避免使用带有偏见或情绪化的词汇。同时，评论者还需关注相关背景信息，以便更准确地把握事件的本质和核心问题。

（二）观点表达的鲜明性

鲜明性是新闻评论观点表达的重要特征。评论者需要明确表达自己的立场和观点，避免含糊不清或模棱两可的表达方式。

为实现观点表达的鲜明性，评论者应在文章开头或显著位置明确阐述自己的观点，以便读者迅速了解评论者的立场。同时，在论证过程中，评论者应使用有力的论据和清晰的逻辑链条来支持自己的观点，使读者能够深刻理解和认同。

（三）观点表达的说服力

说服力是新闻评论观点表达的核心要素。评论者需要通过充分的论据和有力的论证，使自己的观点具有说服力和可信度。

为实现观点表达的说服力，评论者需要运用丰富的知识和经验，对新闻事件进行深入剖析和解读。在论证过程中，评论者可以引用相关数据、事实、案例等作为论据，以增强观点的可信度。同时，评论者还需关注读者的需求和关切，从读者的角度出发，提出解决问题的建设性意见和建议，以增强观点的说服力。

（四）观点表达的平衡性

平衡性是新闻评论观点表达的重要原则。评论者在表达观点时，应充分考虑各方利益和立场，避免片面化或极端化的表达。

为实现观点表达的平衡性，评论者需要对新闻事件进行全面、客观的分析，充分考虑不同利益群体的需求和关切。在表达观点时，评论者可以使用包容性的语言，尊重各方立场，避免使用过于激烈或攻击性的词汇。同时，评论者还可以引用不同来源的信息和观点，以展示事件的多元性和复杂性，从而增强观点的平衡性。

（五）观点表达的创新性

创新性是新闻评论观点表达的追求目标。评论者需要在遵循基本原则的基础上，不断探索新的表达方式和方法，使自己的观点具有独特性和新颖性。

为实现观点表达的创新性，评论者可以关注新兴的社会现象、科技发展和文化潮流，从中汲取灵感和启示。在表达观点时，评论者可以尝试使用新颖的语言和表达方式，如采用比喻、象征等修辞手法，使文章更具吸引力和感染力。同时，评论者还可以结合自身的专业知识和实践经验，提出独到的见解和观点，以展示其独特的思考能力和创新精神。

（六）观点表达的适应性

适应性是新闻评论观点表达的重要方面。评论者需要根据不同的新闻事件、受众群体和传播渠道，灵活调整自己的观点表达方式。

为实现观点表达的适应性，评论者需要关注不同受众群体的需求和特点，采用符合其阅读习惯和接受能力的表达方式。同时，评论者还需关注不同传播渠道的特点和要求，如报纸、电视、网络等媒体在新闻评论方面的差异，以便更好地适应各种传播环境。

综上所述，新闻评论的观点表达需要遵循准确性、鲜明性、说服力、平衡性、创新性和适应性等原则。在实际写作过程中，评论者应不断学习和实践这些原则，努力提升自己的观点表达能力，为新闻传播和社会进步贡献自己的力量。同时，评论者还应保持开放的心态和批判的精神，不断反思和修正自己的观点，以确保其观点表达的客观性和公正性。

三、新闻评论的论据支撑

新闻评论作为新闻传播活动的重要组成部分，其核心在于通过深入分析新闻事件，提出独到的见解和观点，以引导社会舆论和推动社会进步。然而，一个有力的新闻评论并非仅仅依赖于观点的新颖和独特，更需要充分的论据支撑。

（一）论据支撑的重要性

论据支撑是新闻评论的基石，它决定了评论的可信度和说服力。没有充分论据支撑的新闻评论，即便观点再新颖，也难以令人信服。论据支撑的重要性主要体现在以下几个方面：

增强观点的可信度：充分的论据能够证明评论者观点的合理性，使读者更加信任和接受评论者的观点。

提高评论的说服力：有力的论据能够增强评论的说服力，使读者更容易被说服并接受评论者的观点。

丰富评论的内容：论据的引入能够丰富评论的内容，使评论更加具体、生动、更具深度和广度。

（二）论据支撑的来源

新闻评论的论据支撑可以来源于多个方面，包括事实数据、专家意见、相关案例等。这些论据来源能够为评论提供有力的支撑，增强评论的可信度和说服力。

事实数据：事实数据是最直接、最客观的论据来源。评论者可以通过收集和分析相关的数据、统计信息等来证明自己的观点。

专家意见：专家意见具有较高的权威性和专业性，能够为评论提供有力的支撑。评论者可以引用专家的观点、研究成果等来增加自己的观点的可信度。

相关案例：相关案例能够为评论提供具体的例证，使观点更加生动、具体。评论者可以通过分析类似事件的案例来阐述自己的观点和立场。

（三）论据支撑的运用技巧

在新闻评论中，如何运用论据支撑是一门重要的技巧。以下是一些具体的运用技巧：

选择合适的论据：根据评论的主题和观点，选择合适的论据进行支撑。论据应与观点紧密相关，能够直接证明观点的合理性。

精确引用论据：在引用论据时，要确保其准确性和权威性。避免使用模糊、不准确的数据或信息作为论据，以免削弱评论的可信度。

合理安排论据结构：在评论中，应合理安排论据的结构和顺序。可以先提出主要论据，再进行详细阐述；或者从多个角度引用不同论据，形成相互支撑的证据链。

（四）论据支撑与评论观点的融合

论据支撑并非孤立存在，它应与评论观点紧密相连，共同构成完整的评论体系。在融合论据支撑与评论观点时，需要注意以下几点：

论据支撑应服务于评论观点：论据的选择和运用应始终以评论观点为核心，确保论据能够充分支撑观点，避免论据与观点脱节。

观点与论据相互印证：评论观点与论据之间应形成相互印证的关系，即观点能够由论据得到证明，而论据又能够进一步强化观点。

注重逻辑性和条理性：在融合论据支撑与评论观点时，要注重逻辑性和条理性。确保论据之间、论据与观点之间的逻辑关系清晰、条理分明。

（五）论据支撑在新闻评论中的实践意义

在实践中，论据支撑对于新闻评论具有重要意义。它不仅能提升评论的可信度和说服力，还能增强评论的社会影响力。通过充分运用论据支撑，新闻评论能够更好地发挥引导社会舆论、推动社会进步的作用。

总之，论据支撑是新闻评论不可或缺的重要组成部分。评论者需要注重论据的选择、运用和融合技巧，以确保评论的可信度和说服力。同时，在实践中不断积累经验和提升能力，以更好地发挥新闻评论在新闻传播活动中的重要作用。

四、新闻评论的引导策略

新闻评论作为新闻传播的重要形式，其核心观点和立场往往对社会舆论产生深远影响。因此，掌握有效的引导策略对于新闻评论至关重要。

（一）明确引导目标，把握舆论方向

新闻评论的首要任务是明确引导目标，即希望通过评论达到什么样的社会效果。这包括传播正确的价值观、引导公众关注重要问题、推动社会进步等。在明确引导目标的基础上，评论者需要把握舆论方向，了解当前社会热点和公众关注的焦点，从而有针对性地展开评论。

（二）挖掘新闻事实，深入剖析问题

新闻评论的引导策略需要建立在充分挖掘新闻事实的基础上。评论者需要全面了解事件的来龙去脉，掌握相关背景信息，以便深入剖析问题。通过对新闻事实的深入挖掘，评论者能够揭示事件的本质和核心问题，为引导舆论提供有力支持。

（三）运用逻辑分析，强化观点说服力

逻辑分析是新闻评论引导策略的重要组成部分。评论者需要运用逻辑思维对新闻事实进行分析和判断，确保评论的准确性和客观性。同时，通过合理的逻辑推理和论证，强化观点的说服力，使公众更容易接受和认同评论者的立场。

（四）采用多样化表达，增强可读性

新闻评论的表达方式对于引导策略的效果具有重要影响。为了增强可读性，评论者需要采用多样化的表达方式，如生动的语言、形象的比喻、丰富的例证等。这不仅能吸引读者的注意力，还能使评论更具说服力和感染力。

（五）注重情感引导，激发共鸣

情感引导是新闻评论引导策略中的一种有效手段。评论者可以通过情感化的语言和表达方式，激发读者的共鸣和情感认同。例如：通过讲述感人至深的故事、描绘生动具体的场景等方式，引导读者对新闻事件产生强烈的情感反应，从而更容易接受评论者的观点。

（六）引导正面舆论，营造积极氛围

新闻评论应积极引导正面舆论，营造积极的社会氛围。评论者可以通过对正面新闻事件的报道和评论，弘扬社会主义核心价值观，传递正能量。同时，对于负面新闻事件，评论者也应以客观、理性的态度进行分析和评论，避免过度渲染和负面情绪的扩散。

（七）关注受众反馈，及时调整策略

受众反馈是评估新闻评论引导策略效果的重要依据。评论者需要密切关注受众的反馈和反应，及时调整和优化引导策略。例如：根据受众的关注点和需求变化，调整评论的主题和角度；根据受众的反馈意见，改进评论的表达方式和语言风格等。

（八）加强与其他媒体的合作与互动

新闻评论的引导策略还需要加强与其他媒体的合作与互动。通过与报纸、电视、网络等媒体的合作，实现新闻评论的跨平台传播，扩大评论的影响力和覆盖面。同时，通过与其他媒体的互动和交流，共享新闻资源和观点，形成合力，共同推动社会舆论的健康发展。

（九）坚守媒体责任，树立良好形象

新闻评论作为媒体的重要组成部分，必须坚守媒体责任，树立良好形象。评论者应以客观、公正、负责任的态度对待每一条新闻和每一个评论，确保评论的真实性和准确性。同时，评论者还应积极履行社会责任，关注社会热点和民生问题，为公众提供有价值的信息和观点。

综上所述，新闻评论的引导策略需要从多个方面入手，包括明确引导目标、挖掘新闻事实、运用逻辑分析、采用多样化表达、注重情感引导、引导正面舆论、关注受众反馈、加强与其他媒体的合作与互动及坚守媒体责任等。这些策略相互关联、相互支持，共同构成了一个完整的引导体系。在实际操作中，评论者需要根据具体情况灵活运用这些策略，以实现最佳的引导效果。

第五节　新闻编辑中的多媒体元素运用

一、多媒体元素在新闻编辑中的作用

随着信息技术的飞速发展，多媒体元素在新闻编辑中扮演着越来越重要的角色。它们不仅丰富了新闻报道的表现形式，还增强了新闻的可信度和吸引力。

（一）丰富新闻报道的表现形式

传统的新闻报道主要依赖于文字描述，而多媒体元素的加入使得新闻报道的形式更加多样化和生动。因为图像、音频和视频等多媒体元素能够直观地展示新闻事件的现场情况、人物表现及事件发展过程，为读者提供更加真实、立体的新闻体验。

例如：在报道自然灾害时，通过插入相关的图片和视频，读者可以直观地感受到灾情的严重性，增强对灾害后果的认识。同时，通过音频的加入，如救援现场的嘈杂声、受灾群众的呼救声等，能够进一步还原现场氛围，使读者更加深入地了解事件的紧迫性和重要性。

（二）增强新闻报道的可信度

多媒体元素的运用能够增强新闻报道的可信度。在新闻编辑中，通过插入现场照片、视频等多媒体元素，可以直观地展示新闻事件的实际情况，减少读者对新闻真实性的疑虑。

此外，多媒体元素还可以作为新闻事实的重要佐证。例如：在报道政治事件时，通过展示领导人的讲话视频、会议现场的照片等，可以证实相关信息的真实性，增强新闻的可信度。这种直观的展示方式有助于消除读者的疑虑，提高新闻报道的权威性和可信度。

（三）提升新闻报道的吸引力和传播效果

多媒体元素能够提升新闻报道的吸引力和传播效果。在新闻编辑中，通过巧妙地运用图像、音频和视频等多媒体元素，可以吸引读者的注意力，激发他们的阅读兴趣。

例如：在报道体育赛事时，通过插入精彩瞬间的图片和视频，可以展现运动员的精湛技艺和比赛的激烈程度，吸引读者的眼球。同时，通过添加背景音乐和解说词等音频元素，可以营造出紧张刺激的氛围，使读者更加投入地阅读新闻。

此外，多媒体元素还能够帮助新闻报道更好地适应不同平台和设备的展示需求。在移动互联网时代，人们越来越倾向于通过手机、平板等移动设备获取新闻信息。通过优化多媒体元素的格式和尺寸，可以确保新闻报道在不同设备上都能够呈现出良好的视觉效果，提高新闻的传播效率和覆盖面。

（四）促进新闻编辑的创新与发展

多媒体元素的运用给新闻编辑带来了更多的创新空间和发展机遇。通过不断探索和尝试新的多媒体形式和技术手段，新闻编辑可以打破传统新闻报道的局限性，创造出更加新颖、独特的新闻报道形式。

例如：虚拟现实和增强现实技术的应用为新闻报道提供了更加沉浸式的体验。通过构建三维场景和模拟现实环境，读者可以身临其境般感受新闻事件的现场氛围，获得更加深刻的阅读体验。这种创新性的报道方式不仅提升了新闻报道的吸引力，也给新闻编辑行业带来了更多的发展机遇。

（五）提高新闻编辑的效率和准确性

多媒体元素的应用还能够在一定程度上提高新闻编辑的效率和准确性。例如：通过利用图像识别技术，新闻编辑可以自动识别和分类图片，减少手动操作的时间和精力。同时，音频和视频编辑软件的智能化发展也使音频和视频素材的剪辑和拼接更加方便快捷。这些技术的应用不仅提高了新闻编辑的工作效率，也有助于减少人为错误，提高新闻报道的准确性。

然而，虽然多媒体元素在新闻编辑中发挥了重要作用，但也需要注意一些问题。首先，多媒体元素的使用应适度，避免由于过度堆砌而导致信息过载。其次，多媒体元素的选择应与新闻报道的主题和内容相符合，确保信息的准确性和客观性。此外，还需要注意多媒体元素的版权问题，避免侵权纠纷的发生。

综上所述，多媒体元素在新闻编辑中扮演着不可或缺的角色。它们不仅丰富了新闻报道的表现形式，增强了新闻报道的可信度，还提升了新闻报道的吸引力和传播效果。未来随着技术的不断发展和创新，多媒体元素将在新闻编辑中发挥更加重要的作用，为读者带来更加优质、高效的新闻阅读体验。

二、图片、视频等多媒体元素的运用技巧

在新闻编辑工作中，图片和视频作为多媒体元素的重要组成部分，对于提升新闻报道的质量和吸引力至关重要。正确、巧妙地运用这些元素，不仅可以增强新闻

的可读性和可视化程度，还能帮助读者更好地理解和感受新闻事件。下面将详细探讨图片、视频等多媒体元素的运用技巧。

（一）图片的运用技巧

高质量的图片是提升新闻报道视觉效果的关键。在选择图片时，应优先考虑清晰度、色彩饱和度和构图等因素。同时，要确保图片内容真实、准确，能够直观地反映新闻事件的核心信息。

对图片进行适当的裁剪和编辑，可以突出新闻事件的关键信息，增强图片的视觉冲击力。在裁剪时，要注意保持图片的完整性和连贯性，避免破坏画面的整体感。编辑时，可以通过调整色彩、对比度和亮度等参数，提升图片的视觉效果。

文字和图片是新闻报道中不可或缺的两大元素。在运用图片时，要注意与文字的合理搭配。一方面，可以通过添加标题、说明性文字等方式，对图片内容进行补充和解释；另一方面，要注意文字与图片的排版和布局，确保整体视觉效果和谐、美观。

图片具有很强的情感表达能力，能够引发读者的共鸣和思考。在选择和运用图片时，要注重其情感表达作用。例如：可以选择一些具有代表性、感染力强的图片，来展现新闻事件中的人物情感、社会氛围等。

（二）视频的运用技巧

高质量的视频是提升新闻报道传播效果的基础。在录制视频时，应注意画面的稳定性、清晰度和色彩还原度等方面。同时，要确保录制的内容真实、客观，能够全面展示新闻事件的现场情况。视频的剪辑和拼接是提升其观赏性和信息传达效果的关键。在剪辑时，要注意保持故事的连贯性和完整性，合理安排各个镜头的顺序和时长。同时，可以通过添加转场效果、背景音乐等方式，提升视频的观赏性和吸引力。

在视频中，要突出新闻事件的重点和亮点，以便更好地吸引读者的注意力。可以通过特写镜头、慢动作等方式，对关键信息进行强调和突出。同时，要注意控制视频的时长，避免冗长乏味。随着移动互联网的发展，人们越来越倾向于通过手机、平板等设备观看视频。因此，在运用视频时，要注意适配不同平台和设备的播放需求。可以通过调整视频格式、分辨率和码率等参数，确保视频在不同设备上都能够流畅播放。

（三）多媒体元素的综合运用技巧

在新闻编辑中，图片和视频等多媒体元素的运用需要统筹规划和协调。要根据新闻报道的主题和内容，选择合适的多媒体元素进行搭配和组合。同时，要注意各个元素之间的衔接和过渡，确保整体效果的和谐统一。

在运用多媒体元素时，要注重创新表现形式。可以通过尝试新的拍摄手法、剪辑方式等，创造出独特而富有吸引力的视觉效果。同时，也可以结合虚拟现实、增强现实等新技术，为新闻报道带来更多的可能性。

用户体验是新闻编辑工作中不可忽视的一环。在运用多媒体元素时，要充分考虑用户的阅读习惯和喜好。例如：可以通过优化视频的加载速度、提供清晰的图片预览等方式，提升用户的阅读体验。

在运用多媒体元素时，必须遵守相关的法律法规和伦理规范。要确保所使用的图片和视频素材具有合法的来源和授权，避免侵犯他人的知识产权和隐私权。同时，也要注意保护未成年人和敏感群体的权益，避免对其造成不良影响。

综上所述，图片和视频等多媒体元素的运用技巧对于提升新闻报道的质量和吸引力具有重要意义。通过掌握这些技巧并灵活运用它们，新闻编辑人员可以创造出更加生动、直观和富有感染力的新闻报道，为读者带来更好的阅读体验。同时，新闻编辑人员还需要不断学习和探索新的技术和方法，以适应不断变化的媒体环境和用户需求。

三、多媒体元素与文字内容的融合策略

在新闻编辑工作中，多媒体元素与文字内容的融合是一项至关重要的任务。正确、有效地融合这两者，不仅能够提升新闻报道的吸引力和可读性，还能帮助读者更深入地理解和感受新闻事件。下面将详细探讨多媒体元素与文字内容的融合策略。

（一）多媒体元素与文字内容的互补性

多媒体元素与文字内容在新闻报道中各自扮演着不同的角色，它们之间存在着天然的互补性。文字内容能够提供详细、准确的信息，阐述事件的来龙去脉、背景信息及观点分析等；而多媒体元素则能够通过图像、音频和视频等形式，直观地展示事件的现场情况、人物表现及情感氛围等。因此，在融合多媒体元素与文字内容时，应充分发挥它们的互补优势，使两者相互补充、相互增强。

（二）融合策略的具体实施

在新闻报道中，多媒体元素的位置和数量对于其与文字内容的融合效果有着重要影响。首先，应根据报道的主题和内容，选择合适的多媒体元素进行搭配。其次，在安排多媒体元素的位置时，应考虑到读者的阅读习惯和视觉感受，将其放置在能够突出新闻重点、吸引读者注意力的位置。同时，要注意控制多媒体元素的数量，

避免过多或过少而导致信息过载或缺乏视觉冲击力。

多媒体元素与文字内容的风格一致性对于整体报道的协调性至关重要。在融合过程中，应确保多媒体元素的色彩、构图、音效等与文字内容的语气、风格等相协调。例如：在报道一起严肃的社会事件时，应使用色调沉稳、构图严谨的多媒体元素，以配合文字内容严肃、庄重的风格。

多媒体元素具有直观、生动的特点，能够有效地解读和补充文字内容。在融合过程中，应充分利用这一优势，通过图像、视频等形式直观地展示文字内容所描述的场景、人物和事件。例如：在报道一起交通事故时，可以通过插入现场照片或视频，直观地展示事故现场的情况，使读者更加清晰地了解事件的经过和后果。

情感表达是新闻报道中不可或缺的一部分。通过巧妙地运用多媒体元素，可以增强文字内容的情感表达效果。例如：在报道一起感人至深的救援行动时，可以插入救援现场的音频或视频片段，通过救援人员的呼喊声、被救者的感谢声等声音元素，传递出强烈的情感氛围，使读者更加深入地感受到救援行动的重要性和意义。

（三）融合策略的注意事项

在融合多媒体元素与文字内容时，应注意避免两者的内容重复。如果多媒体元素已经直观地展示了某个场景或事件，那么在文字内容中就不需要再详细描述。否则，会导致信息冗余和阅读疲劳。

多媒体元素的清晰度和质量对其与文字内容的融合效果有着重要影响。如果多媒体元素模糊不清或质量低下，不仅会影响读者的阅读体验，还会降低新闻报道的整体质量。因此，在选择和使用多媒体元素时，应确保其清晰度和质量符合新闻报道的要求。

在融合多媒体元素与文字内容时，必须注意版权问题。所使用的多媒体元素必须有合法的来源和授权，避免侵犯他人的知识产权。同时，也要尊重原创精神，避免抄袭和盗用他人的多媒体元素。

多媒体元素与文字内容的融合是新闻编辑工作中的一项重要任务。通过实施上述融合策略，可以充分发挥两者的互补优势，提升新闻报道的质量和吸引力。同时，也需要注意避免重复、保持清晰度和质量以及尊重版权等问题。随着媒体技术的不断发展和创新，未来多媒体元素与文字内容的融合将更加多样化和丰富化，为新闻报道带来更多的可能性和创新空间。因此，新闻编辑人员应不断学习和探索新的技术和方法，以适应不断变化的媒体环境和用户需求。

第五章　新媒体时代的新闻采访与编辑融合

第一节　新闻采访与编辑的相互影响

一、新闻采访对编辑的影响

新闻采访与编辑作为新闻报道的两个重要环节，彼此之间存在密切关联和相互影响。新闻采访不仅是获取新闻素材、了解事件真相的关键步骤，同时也对后续的编辑工作产生深远影响。

（一）新闻采访为编辑提供丰富的素材和信息

新闻采访是获取第一手资料的重要途径，通过采访当事人、目击者及相关专家，编辑可以获取丰富的新闻素材和信息。这些素材和信息不仅是新闻报道的基础，也为编辑提供了广阔的创意空间。编辑可以根据采访内容，筛选出最具新闻价值的信息，进行深入的挖掘和报道。

同时，新闻采访中的细节和故事性元素也为编辑提供了生动的素材。编辑可以通过巧妙地运用这些元素，增强新闻报道的吸引力和可读性。例如：在采访过程中获得的独特视角、感人故事或生动细节，都可以被编辑运用到新闻报道中，使报道更加生动、有趣。

（二）新闻采访影响编辑对新闻事件的认知和理解

新闻采访是了解事件真相、把握事件本质的重要过程。通过采访，编辑可以更加深入地了解事件的来龙去脉、背景信息以及各方观点。这种对事件的全面认知和理解，将直接影响编辑对新闻报道的策划和呈现。

在采访过程中，编辑可能会接触到不同的观点和看法，这些观点和看法可能与编辑之前的认知存在差异。通过采访和深入了解，编辑可以重新审视事件，形成更加客观、全面的认识。这种认识上的转变将直接影响编辑对新闻报道的立场和角度，使报道更加客观、公正。

（三）新闻采访决定编辑对新闻价值的判断

新闻价值是新闻报道的核心要素，而新闻采访则是判断新闻价值的重要依据。在采访过程中，编辑可以通过与当事人的交流、观察现场情况等方式，判断新闻事件的重要性、时效性及社会影响力等。这些判断将直接影响编辑对新闻报道的选题和呈现方式。

同时，新闻采访中的细节和故事性元素也是判断新闻价值的重要依据。一些看似普通的细节或故事，可能蕴含着深刻的社会意义和价值。通过深入挖掘这些元素，编辑可以发现隐藏在表面之下的新闻价值，使报道更加深入、全面。

（四）新闻采访对编辑的职业道德和素养提出要求

新闻采访是一项具有高度专业性和责任性的工作，需要编辑具备扎实的专业知识和良好的职业道德素养。在采访过程中，编辑需要尊重采访对象的隐私权、保持客观中立的立场、避免偏见和歧视等。这些要求不仅体现在采访过程中，也贯穿于整个编辑工作中。

同时，新闻采访也对编辑的沟通能力和应变能力提出挑战。编辑需要具备良好的沟通技巧和应变能力，以便在采访中获取更多有用的信息、应对各种突发情况。这种沟通能力和应变能力的提升，将有助于编辑更好地完成新闻报道工作。

（五）新闻采访对编辑工作的优化和创新具有启示作用

新闻采访不仅是一种获取信息的方式，同时也是一种创新思维的过程。在采访过程中，编辑可能会遇到各种新情况、新问题，需要不断思考和探索新的报道方式和角度。这种创新思维的过程将对编辑工作产生积极的启示作用。

通过新闻采访，编辑可以了解到社会热点、民生关切及行业发展趋势等信息，这些信息将为编辑提供新的报道思路和创意。同时，采访过程中的互动和交流也有助于激发编辑的灵感和创意，推动新闻报道的创新和优化。

综上所述，新闻采访对编辑工作有着深远的影响。通过新闻采访，编辑可以获得丰富的素材和信息，形成对新闻事件的全面认知和理解；同时，新闻采访也影响着编辑对新闻价值的判断和对职业道德素养的要求。因此，新闻从业者应充分认识到新闻采访的重要性，不断提升自身的采访和编辑能力，以更好地完成新闻报道工作。

在未来，随着媒体技术的不断发展和新闻行业的变革，新闻采访与编辑之间的联系将更加紧密。新闻从业者需要不断适应新的采访和编辑方式，积极应对行业挑战，为公众提供更高质量的新闻报道。同时，政府和社会各界也应关注新闻采访与编辑工作的开展，为其提供良好的环境和支持，以共同推动新闻事业的繁荣与进步。

二、新闻编辑对采访的反馈与指导

新闻编辑与采访是新闻报道中两个不可或缺的环节，它们之间紧密相连、相互影响。新闻编辑对采访的反馈与指导，是提升新闻报道质量、优化新闻内容的重要手段。

（一）反馈采访内容的完整性与准确性

新闻编辑的首要任务是对采访内容进行仔细审查，确保其内容完整、准确。编辑需要关注采访是否涵盖了事件的各个方面，是否捕捉到了关键信息，以及是否有遗漏或错误之处。通过反馈，编辑可以告诉采访者哪些内容需要补充、哪些信息需要核实，从而确保报道的完整性和准确性。

同时，编辑还需要关注采访内容的逻辑性和条理性。一个好的采访应该能够清晰地呈现事件的来龙去脉，让读者能够轻松理解。如果采访内容过于零散或缺乏逻辑，编辑应给予相应的反馈，并指导采访者进行调整。

（二）指导采访技巧的提升

新闻编辑在反馈采访内容时，也应关注采访者的技巧问题。例如：提问的方式是否恰当、引导话题的能力如何、对采访对象的反应是否敏感等。编辑可以通过具体的例子，指出采访者在技巧上的不足，并给予相应的指导。

此外，编辑还可以分享一些有效的采访技巧和经验，帮助采访者提升专业能力。例如：如何建立良好的采访氛围、如何深入挖掘话题、如何应对突发情况等。这些经验和技巧对于提高采访质量、获取更多有价值的信息具有重要意义。

（三）强调新闻价值与选题的重要性

新闻编辑在反馈与指导过程中，应强调新闻价值与选题的重要性。编辑需要告诉采访者，一个好的选题应该具有时效性、重要性、接近性和趣味性等要素，能够引起读者的关注和兴趣。同时，编辑还应指导采访者如何从众多话题中筛选出具有新闻价值的内容，进行深入挖掘和报道。

此外，编辑还可以通过分析成功案例或失败案例，让采访者更加直观地理解新闻价值与选题的重要性。通过对比不同选题的报道效果，采访者可以更加明确自己的选题方向，提高新闻报道的质量和影响力。

（四）注重语言表达与格式规范

新闻编辑在反馈与指导过程中，还应关注采访稿的语言表达和格式规范。编辑需要审查采访稿的语句是否通顺、表达是否准确、用词是否恰当等。对于存在的问题，编辑应给予具体的修改建议，并指导采访者改进。

同时，编辑还应强调格式规范的重要性。新闻报道需要遵循一定的格式和规范，包括标题、导语、正文、结尾等部分的安排和排版。编辑可以指导采访者了解并掌握这些规范，使报道更加符合读者的阅读习惯和审美需求。

（五）建立有效的沟通与合作机制

新闻编辑与采访者之间的有效沟通与合作是提升新闻报道质量的关键。编辑应建立一种开放、平等的沟通氛围，鼓励采访者提出自己的想法和观点，共同探讨如何改进报道。同时，编辑还应关注采访者的需求和困惑，及时给予解答和支持。

此外，编辑还可以通过定期召开编辑会议、分享工作经验、开展培训等方式，加强与采访者之间的合作与交流。这些活动有助于增进彼此的了解和信任，提高团队的凝聚力和工作效率。

（六）持续学习与更新知识

新闻行业是一个不断发展和变化的领域，新闻编辑和采访者都需要不断学习和更新自己的知识。编辑可以通过参加专业培训、阅读相关书籍和文章、关注行业动态等方式，提升自己的专业素养和综合能力。同时，编辑还应关注新技术和新应用的发展，将其运用到新闻报道中，提高报道的质量和效率。

总之，新闻编辑对采访的反馈与指导是提升新闻报道质量的重要手段。通过反馈采访内容的完整性与准确性、指导采访技巧的提升、强调新闻价值与选题的重要性、注重语言表达与格式规范以及建立有效的沟通与合作机制、持续学习与更新知识等措施，编辑可以帮助采访者不断提升自己的专业能力，为读者提供更加优质、有价值的新闻报道。

三、采访与编辑的互动与协作机制

在新闻报道的流程中，采访与编辑是两大核心环节，它们之间的互动与协作机制直接影响着新闻报道的质量和效果。采访者负责收集第一手资料，挖掘新闻事件背后的故事；而编辑则负责对采访内容进行筛选、整合和呈现，使报道更加符合读者的阅读需求和媒体的风格定位。因此，建立起有效的采访与编辑互动与协作机制，对于提升新闻报道的整体水平具有重要意义。

（一）建立明确的沟通与反馈渠道

采访与编辑之间的有效沟通是互动与协作的基础。双方应建立明确的沟通与反馈渠道，确保信息的及时传递和问题的及时解决。这可以通过定期召开会议、使用即时通信工具或设立专门的反馈平台等方式实现。在沟通过程中，双方应坦诚交流、互相尊重，避免出现误解和矛盾。

同时，采访者应及时向编辑反馈采访进展、遇到的问题以及需要协助的事项；编辑也应向采访者提供具体的编辑意见和修改建议，帮助采访者不断完善采访内容和提升采访技巧。这种双向的沟通与反馈机制有助于形成紧密的合作关系，提升新闻报道的整体效果。

（二）共同制订选题与报道计划

选题与报道计划是新闻报道的重要环节，需要采访与编辑共同参与制订。在选题阶段，双方应充分讨论，共同确定报道的主题和角度。编辑可以根据媒体的风格定位和目标受众的需求，提供选题建议和思路；采访者则可以根据自己的专业知识和实际经验，提出具有新闻价值的选题。

在确定选题后，双方应共同制订详细的报道计划，包括采访对象、采访方式、报道结构、时间安排等。这有助于确保报道的顺利进行和内容的完整性。在计划执行过程中，双方应密切协作，及时调整和优化报道方案，以适应实际情况的变化。

（三）协同处理采访素材与稿件

采访素材与稿件是新闻报道的核心内容，需要采访与编辑协同处理。采访者在收集素材时，应注重素材的真实性、完整性和多样性；同时，也应考虑编辑的需求和风格，尽量提供符合要求的素材。编辑在处理稿件时，应根据报道的主题和风格，对素材进行筛选、整合和润色；同时，也应尊重采访者的劳动成果，避免对稿件进行过度修改或删减。

在处理素材与稿件的过程中，双方应保持密切的沟通与协作。采访者可以向编辑提供素材的背景信息和相关解释，帮助编辑更好地理解素材；编辑也可以向采访者提供具体的修改建议和意见，帮助采访者完善稿件。这种协同处理的方式有助于提升稿件的质量和可读性。

（四）共同提升专业能力与素质

采访与编辑作为新闻报道的两个关键环节，需要不断提升自己的专业能力与素质。双方可以通过共同学习、参加培训、分享经验等方式，提升自己的新闻敏感度、采访技巧、编辑能力等。同时，双方也应关注行业动态和新技术的发展，及时将新的理念和技术应用到新闻报道中。

在提升专业能力与素质的过程中，双方可以相互借鉴、相互学习。采访者可以向编辑学习如何更好地筛选和整合素材、如何把握报道的重点和角度；编辑也可以向采访者学习如何更好地挖掘新闻背后的故事、如何与采访对象建立良好的沟通关系。这种相互学习的方式有助于双方共同成长和进步。

（五）建立激励机制与评价体系

为了促进采访与编辑之间的有效互动与协作，可以建立相应的激励机制与评价体系。对于在新闻报道中表现出色的采访与编辑团队或个人，可以给予一定的奖励和认可；对于在协作中出现问题的团队或个人，可以进行及时的提醒和纠正。

同时，可以建立定期的评价体系，对采访与编辑的工作进行客观、全面的评价。这可以通过设立评价指标、邀请专家评审、收集读者反馈等方式实现。评价结果可以作为改进工作、提升质量的依据，也可以作为奖励和惩罚的依据。

（六）营造和谐的工作氛围与文化

和谐的工作氛围与文化是促进采访与编辑互动与协作的重要保障。双方应相互尊重、相互信任、相互支持，共同营造一个积极向上、团结协作的工作氛围。同时，也可以组织一些团队建设活动和文化交流活动，增进彼此的了解和友谊，提升团队的凝聚力和向心力。

综上所述，建立起有效的采访与编辑互动与协作机制对于提升新闻报道的整体水平具有重要意义。通过建立明确沟通与反馈渠道、共同制订选题与报道计划、协同处理采访素材与稿件、共同提升专业能力与素质、建立激励机制与评价体系以及营造和谐的工作氛围与文化等措施的实施，可以推动采访与编辑之间的紧密合作与共同发展，为读者提供更加优质、有价值的新闻报道。

第二节　新闻采访与编辑在新闻报道中的协同作用

一、采访与编辑在选题策划中的协同配合

在新闻报道的流程中，选题策划是至关重要的一环。它决定了报道的主题、角度和深度，直接影响着新闻报道的质量和影响力。在这个过程中，采访与编辑的协同配合显得尤为重要。采访者凭借一线经验和敏锐的观察力，能够发现新闻线索并

初步判断其新闻价值；而编辑则凭借丰富的专业知识和对媒体定位的深入理解，能够提出有针对性的选题建议并优化报道方案。因此，采访与编辑在选题策划中的协同配合，对于提升新闻报道的整体水平具有重要意义。

（一）共同发掘新闻线索，筛选有价值的选题

新闻线索是选题策划的起点，采访者作为一线工作者，常常能够第一时间接触到各种新闻线索。他们通过与当事人交流、观察现场情况等方式，收集到第一手资料，并初步判断其新闻价值。然而，并非所有的新闻线索都具有报道价值，这就需要编辑的参与和协助。

编辑凭借丰富的专业知识和经验，能够从众多新闻线索中筛选出具有潜在价值的选题。他们会对新闻线索进行深入分析，判断其是否符合媒体的定位和目标受众的需求。同时，编辑还会考虑选题的社会影响力和时效性，以确保报道能够引起读者的关注和兴趣。

在筛选选题的过程中，采访者与编辑应保持密切的沟通。采访者可以向编辑提供自己收集到的新闻线索和相关资料，并介绍自己的初步判断；编辑则可以根据这些信息，结合媒体的定位和风格，提出具体的选题建议。通过双方的协同配合，可以确保选题的准确性和有效性。

（二）深入讨论选题角度与报道思路

确定选题后，采访与编辑需要进一步讨论选题的角度和报道思路。这涉及报道的主题、重点、结构以及呈现方式等多个方面。

采访者可以根据自己的实践经验和对新闻事件的了解，提出自己的报道思路和建议。他们可以介绍自己在采访过程中了解到的情况和观察到的细节，为报道提供丰富的素材和背景信息。同时，采访者还可以根据自己对受众需求的了解，提出符合读者兴趣的报道角度。

编辑则需要根据媒体的定位和风格，对采访者的报道思路展开进一步的梳理和完善。他们可以从宏观的角度审视选题，提出更加深入和全面的报道方案。同时，编辑还可以根据媒体的特点和受众需求，对报道的结构和呈现方式进行优化，使其更加符合读者的阅读习惯和审美需求。

在讨论选题角度和报道思路的过程中，采访与编辑应充分尊重彼此的意见和建议，共同协商并达成共识。通过深入的讨论和交流，可以确保报道方案的准确性和可行性，为后续的采访和编辑工作打下坚实的基础。

（三）协同制订采访计划与实施细节

选题策划完成后，接下来就是制订具体的采访计划与实施细节。在这个过程中，采访与编辑的协同配合同样至关重要。

采访者需要根据选题和报道思路，制订详细的采访计划。这包括确定采访对象、采访方式、采访时间地点等具体内容。在制订采访计划时，采访者需要充分考虑实际情况和可行性，确保采访的顺利进行。

编辑则需要根据媒体的定位和风格，对采访计划进行审查和修改。他们可以从专业的角度提出意见和建议，帮助采访者完善采访计划。同时，编辑还可以根据报道的需求，提出补充采访对象或调整采访方式等建议，以丰富报道的内容和形式。

在实施采访计划的过程中，采访者与编辑应保持密切的联系。采访者应及时向编辑反馈采访进展和遇到的问题，以便编辑能够及时调整报道方案或提供必要的协助。同时，编辑也可以根据需要，对采访过程进行指导和监督，确保采访的质量和效果。

（四）共同总结与反思，提升选题策划能力

每次选题策划完成后，采访者与编辑都应进行及时的总结和反思。这有助于发现不足并提升选题策划能力。

采访者可以总结自己在选题策划中的经验和教训，分析自己在发掘新闻线索、判断新闻价值等方面的表现。他们还可以思考如何更好地与编辑沟通协作，提高选题策划的效率和准确性。

编辑则可以总结自己在选题策划中的贡献和不足，分析自己在筛选选题、优化报道方案等方面的表现。他们还可以思考如何更好地发挥自己在专业知识和媒体定位方面的优势，为选题策划提供更多有价值的建议。

通过总结和反思，采访者与编辑可以不断提升自己的选题策划能力，形成更加默契的协作关系。这将有助于提升新闻报道的整体质量和影响力，为媒体的发展贡献更多的力量。

综上所述，采访者与编辑在选题策划中的协同配合是提升新闻报道质量的关键环节。通过共同发掘新闻线索、深入讨论选题角度与报道思路、协同制订采访计划与实施细节以及共同总结与反思等措施的实施，可以形成更加紧密和高效的协作关系，为新闻报道的成功打下坚实的基础。

二、采访素材在编辑过程中的有效利用

在新闻报道的制作流程中，采访素材是编辑工作的重要基础。因此，如何有效利用采访素材成为编辑过程中不可或缺的一环。

（一）认真筛选，精选关键素材

采访过程中，记者往往会收集到大量的素材，包括文字、音频、视频等多种形式。在编辑过程中，编辑首先要对这些素材进行认真筛选，挑选出最具代表性、最能体现新闻主题的素材。这需要对新闻事件有深入的了解，能够准确把握新闻的核心要点和受众的兴趣点。

在筛选素材时，要注意避免主观臆断和偏见，确保所选素材的客观性和真实性。同时，还要考虑素材的多样性和丰富性，以吸引不同层次的读者。通过精选关键素材，可以为后续的编辑工作奠定坚实的基础。

（二）合理整合，构建完整叙事

筛选出的素材需要进行合理的整合，以构建一个完整、连贯的叙事结构。这要求编辑具备较高的逻辑思维能力和文字处理能力，能够将不同素材有机地结合在一起，形成一个有机的整体。

在整合素材时，要注意遵循新闻写作的基本规律，如按照时间顺序、因果关系或重要性顺序来组织素材。同时，还要注重段落的划分和过渡，使文章结构清晰、层次分明。通过合理的整合，可以使新闻报道更易于被读者理解和接受。

（三）深入挖掘，提炼新闻价值

在有效利用采访素材的过程中，深入挖掘素材背后的新闻价值是至关重要的。编辑需要通过对素材进行深入分析，提炼出新闻事件的深层含义和社会意义，从而增强新闻报道的深度和广度。

这要求编辑具备敏锐的观察力和深入的分析能力，能够从不同角度审视新闻事件，发现其中的独特之处和亮点。同时，还要关注新闻事件的背景、原因和影响，以便更好地揭示其内在价值和意义。通过深入挖掘新闻价值，可以使报道更加具有深度和影响力。

（四）注重细节，提升报道质量

在编辑过程中，注重细节的处理也是有效利用采访素材的关键。细节往往能够体现新闻事件的真实性和生动性，增强报道的吸引力和可信度。

编辑在整理素材时，要注意保留关键细节，如人物的神态、动作和语言等，这些都能为报道增添色彩和生动性。同时，还要关注报道的准确性和规范性，避免出现错误或疏漏。通过注重细节的处理，可以进一步提升报道的质量和水平。

（五）创新形式，增强报道可读性

在有效利用采访素材的基础上，编辑还可以尝试创新报道形式，以增强报道的可读性和吸引力。例如：可以采用图文结合的方式，通过插入图片、图表等视觉元素来丰富报道内容；或者运用音频、视频等多媒体手段，使报道更加生动、形象。

此外，编辑还可以根据新闻事件的特点和受众的需求，选择适合的报道风格和语言风格，使报道更加贴近读者、更加易于被读者理解。通过创新报道形式，可以有效增强读者的阅读体验和满意度。

（六）反馈与调整，持续优化编辑效果

在编辑过程中，及时反馈与调整也是有效利用采访素材的重要环节。编辑工作并非一蹴而就，而是需要通过不断地反馈和调整来优化编辑效果。

一方面，编辑可以通过与其他团队成员或专业人士的沟通与交流，获取他们的意见和建议，从而发现编辑过程中的不足和问题；另一方面，编辑还可以通过读者的反馈和阅读数据来评估报道的质量和效果，进而调整编辑策略和方法。

通过持续的反馈与调整，编辑可以不断提升自己的编辑能力和水平，更好地利用采访素材来制作高质量的新闻报道。

综上所述，采访素材在编辑过程中的有效利用是提升新闻报道质量的关键环节。通过认真筛选、合理整合、深入挖掘、注重细节、创新形式以及反馈与调整等措施的实施，编辑可以充分发挥采访素材的价值和潜力，为读者呈现更加生动、真实、深刻的新闻报道。

三、编辑对采访内容的深化与拓展

在新闻报道的制作过程中，采访与编辑是两个紧密相连、相互依存的环节。采访是获取新闻素材和信息的首要步骤，而编辑则是对这些素材和信息进行加工、提炼和呈现的关键环节。编辑在深化与拓展采访内容方面发挥着至关重要的作用，通过巧妙的处理，可以将原本平淡无奇的采访内容转化为具有深度和广度的新闻报道。

（一）深化采访内容，挖掘内在价值

编辑深化采访内容的过程，实际上是对新闻事件进行深入剖析和解读的过程。通过仔细研读采访素材，编辑可以发现隐藏在表面信息之下的深层含义和内在价值。

首先，编辑可以通过对采访内容的梳理和分析，提炼出新闻事件的核心要点和关键信息。这要求编辑具备敏锐的观察力和深入的分析能力，能够从采访素材中捕捉到新闻事件的实质和精髓。

其次，编辑可以通过与采访对象的进一步沟通，获取更多详细的信息和背景资料。这有助于编辑更全面地了解新闻事件的前因后果，从而更准确地把握其内在价值和意义。

最后，编辑还可以结合相关资料和背景知识，对采访内容进行横向和纵向的比较分析。通过对比不同采访对象的观点和立场，以及新闻事件在不同时间和地点的表现，编辑可以发现新闻事件的独特性和普遍性，进一步挖掘其内在价值。

（二）拓展报道层次，丰富报道内容

除深化采访内容外，编辑还需要通过拓展采访内容来丰富报道的层次和维度。这有助于提升新闻报道的多样性和吸引力，使读者能够更全面地了解新闻事件的全貌。

首先，编辑可以通过引入相关事件和背景信息，将原本孤立的采访内容与其他新闻事件或社会现象联系起来。这有助于形成更加完整和连贯的报道结构，使读者能够更好地理解新闻事件的来龙去脉。

其次，编辑可以通过引入不同领域专家的观点和意见，为报道增添更多的权威性和专业性。专家的分析和解读有助于揭示新闻事件的深层含义和潜在影响，从而提升报道的深度和广度。

最后，编辑还可以通过添加数据、图表等可视化元素，使报道更加直观和生动。这些元素有助于呈现新闻事件的数量关系、变化趋势等关键信息，使读者能够更快地把握报道的重点和要点。

（三）注重细节处理，提升报道质量

在深化与拓展采访内容的过程中，编辑还需要注重细节的处理。细节的处理不仅关系到报道的准确性和规范性，还直接影响到读者的阅读体验和满意度。

首先，编辑需要仔细核对采访内容的真实性和准确性。这包括对采访对象的身份、言论以及所提供的信息进行核实，以确保报道的客观性和公正性。

其次，编辑需要对报道的语言和风格进行精心打磨。新闻报道的语言应该准确、简洁、生动，能够准确传达新闻事件的核心信息和内在价值。同时，报道的风格也应该符合媒体的定位和受众的需求，以吸引读者的注意力和兴趣。

最后，编辑还需要注意报道的排版和格式。合理的排版和格式能够使报道更加易读和美观，增强读者的阅读体验。例如：可以通过设置标题、段落和字体等方式来突出报道的重点和要点，使读者能够更快地获取关键信息。

（四）创新报道形式，增强报道吸引力

在深化与拓展采访内容的基础上，编辑还可以通过创新报道形式来增强报道的吸引力。随着新媒体技术的不断发展，报道形式也在不断创新和变革。

首先，编辑可以尝试采用多媒体报道形式。通过结合文字、图片、音频和视频等多种元素，可以打造更加丰富和生动的报道体验。例如：可以制作图文结合的深度报道、音频专访或视频短片等形式，以满足不同读者的需求和喜好。

其次，编辑可以利用社交媒体等新媒体平台来拓展报道的传播渠道。通过在社交媒体上发布报道内容、与读者互动和分享等方式，可以吸引更多读者的关注和参与，提升报道的影响力和传播效果。

最后，编辑还可以探索采用虚拟现实（VR）、增强现实（AR）等先进技术来打造沉浸式的报道体验。这些技术可以使读者身临其境般感受新闻事件的现场氛围和细节，提升报道的吸引力和感染力。

综上所述，编辑在深化与拓展采访内容方面发挥着至关重要的作用。通过深化采访内容、拓展报道层次、注重细节处理以及创新报道形式等措施的实施，编辑可以将原本平淡无奇的采访素材转化为具有深度和广度的新闻报道，为读者带来更加全面、深入和生动的阅读体验。

第三节　新闻采访与编辑在多媒体产品制作中的融合

一、在多媒体产品制作中采访与编辑的角色定位

在多媒体产品制作中，采访与编辑是两个不可或缺的重要环节，它们各自承担着特定的角色与任务，共同构成了多媒体产品的核心内容。

（一）采访的角色定位

采访是多媒体产品制作中的首要环节，它负责获取第一手资料和信息，为后续的编辑工作提供原始素材。采访者的角色定位直接关系到采访的质量和效果，进而影响整个多媒体产品的呈现。

首先，采访者是信息的收集者。在采访过程中，采访者需要通过提问、倾听、

观察等方式，从被采访者那里获取有关新闻事件、人物故事、行业动态等方面的信息。这些信息是多媒体产品制作的基础，也是吸引观众的关键因素。

其次，采访者是沟通的桥梁。采访者需要与被采访者建立良好的沟通关系，通过有效的沟通技巧，引导被采访者表达自己的观点和想法。同时，采访者还需要将观众的需求和关注点传达给被采访者，使得采访内容更加贴近观众的期望。

最后，采访者还是文化的传播者。在采访过程中，采访者需要关注被采访者的文化背景、价值观念等方面，将这些元素融入采访中，使得多媒体产品能够呈现出更加丰富多彩的文化内涵。

（二）编辑的角色定位

编辑是多媒体产品制作中的关键环节，它负责对采访素材进行筛选、整理、加工和呈现，使之成为具有吸引力和感染力的多媒体产品。编辑的角色定位决定了多媒体产品的质量和风格。

首先，编辑是内容的策划者。在编辑过程中，编辑需要根据多媒体产品的定位和受众需求，对采访素材进行筛选和整理，确定哪些内容应该保留、哪些内容应该删减或调整。同时，编辑还需要根据内容的逻辑关系，进行合理的布局和安排，使得多媒体产品呈现出清晰、连贯的叙事结构。

其次，编辑是视觉效果的呈现者。在多媒体产品中，视觉效果往往能够给观众带来直观的冲击和感受。因此，编辑需要运用专业的知识和技能，对图片、视频、音频等多媒体元素进行加工和处理，使之符合多媒体产品的整体风格和视觉效果要求。

此外，编辑还是文字的润色者。在多媒体产品中，文字是传递信息的重要载体。编辑需要对采访素材中的文字进行润色和修改，使之更加准确、生动、简洁。同时，编辑还需要根据多媒体产品的需要，添加必要的标题、导语、注释等文字元素，提升多媒体产品的可读性和吸引力。

（三）采访与编辑的相互关系

在多媒体产品制作中，采访与编辑是相互依存、相互促进的关系。采访为编辑提供了原始素材和信息基础，而编辑则通过对采访素材的加工和处理，使得多媒体产品更加完善和精彩。

首先，采访与编辑需要密切配合，共同确定多媒体产品的主题和定位。在采访前，编辑需要与采访者充分沟通，明确采访的目的和重点，确保采访内容符合多媒体产品的需求。在采访后，编辑需要根据采访素材的实际情况，对多媒体产品的结构和内容进行调整和优化。

其次，采访与编辑需要相互支持和协作，共同提升多媒体产品的质量。在采访过程中，采访者需要尽可能获取丰富、深入的素材，为编辑提供更多的选择和可能性。在编辑过程中，编辑需要充分发挥自己的专业知识和技能，对采访素材进行精心加工和处理，使之呈现出最佳的效果。

此外，采访与编辑还需要保持开放的心态和创新的思维，不断探索新的采访方式和编辑手法，以适应不断变化的市场需求和观众喜好。通过不断的创新和实践，采访与编辑可以在多媒体产品制作中发挥出更大的作用和价值。

综上所述，采访与编辑在多媒体产品制作中扮演着不可或缺的角色。采访者负责获取原始素材和信息，为编辑提供丰富的内容基础；而编辑则通过对采访素材的加工和处理，使得多媒体产品呈现出最佳的效果。两者相互依存、相互促进，共同构成了多媒体产品制作的核心环节。因此，在多媒体产品制作中，我们需要充分重视采访与编辑的角色定位及其相互关系，不断提升他们的专业素养和综合能力，以创作出更加优质、精彩的多媒体产品。

二、采访素材在多媒体产品中的创意呈现

在多媒体产品制作中，采访素材不仅是信息传递的基础，更是创意呈现的关键所在。通过巧妙的处理和创意呈现方式，采访素材可以被赋予新的生命和活力，为观众带来独特而深刻的视听体验。

（一）采访素材的创意选取与整理

采访素材的创意呈现首先在于对素材的选取与整理。在多媒体产品制作中，采访素材往往丰富多样，包含了被采访者的言语、表情、动作等多个方面。因此，在选取素材时，需要根据产品的主题和定位，挑选出最具代表性、最能体现采访核心内容的素材片段。

同时，对素材的整理也是创意呈现的重要环节。通过对素材进行剪辑、拼接、调整顺序等操作，可以构建出不同的叙事结构和节奏，使得采访内容更加生动有趣。例如：可以采用倒叙、插叙等非线性叙事方式，打破传统的时间顺序，增强观众的好奇心和观看兴趣。

（二）采访素材的视觉创意呈现

视觉元素是多媒体产品中最直观、最具有冲击力的表现方式。在采访素材的视觉创意呈现中，可以运用多种技术手段和视觉元素，使得采访内容更加生动、形象。

首先，可以利用动画、特效等技术手段，对采访素材进行视觉上的加工和处理。

例如：可以为采访者的言语添加动态字幕，或者为采访场景添加背景特效，使得画面更加丰富多彩。

其次，可以利用图片、图表等视觉元素，对采访内容进行辅助说明。通过直观的图表展示数据或趋势，或者通过生动的图片展示采访场景或人物形象，使观众更加直观地理解采访内容。

最后，还可以尝试将采访素材与其他视觉元素进行融合，创造出独特的视觉效果。例如：可以将采访者的形象与虚拟场景相结合，或者将采访内容以漫画、插画等形式呈现，为观众带来新颖的视觉体验。

（三）采访素材的听觉创意呈现

除视觉元素外，听觉元素也是多媒体产品中不可或缺的一部分。在采访素材的听觉创意呈现中，可以通过音频处理、配乐选择等方式，增强采访内容的感染力和吸引力。

首先，可以对采访者的言语进行音频处理，使其更加清晰、悦耳。例如：可以通过降噪技术去除背景噪声，或者通过均衡器调整语音的音量和音调，使得采访者的声音更加突出。

其次，可以选择合适的配乐来衬托采访内容。配乐的选择应根据采访内容的情感氛围和主题风格进行，以营造出相应的听觉氛围。例如：在讲述感人故事时可以选择柔和抒情的音乐，而在报道紧张事件时则可以选择节奏紧凑的音乐。

最后，还可以尝试将采访素材与其他听觉元素进行结合，创造出独特的听觉效果。例如：可以将采访者的言语与自然环境声音相结合，或者将采访内容以朗诵、歌唱等形式呈现，为观众带来新颖的听觉体验。

（四）采访素材的互动创意呈现

随着技术的发展，多媒体产品已经不仅仅是单向的信息传递工具，而是越来越注重与观众的互动体验。在采访素材的互动创意呈现中，可以利用新技术和互动手段，使得观众能够更加深入地参与到多媒体产品中。

首先，可以利用虚拟现实、增强现实等技术手段，为观众带来沉浸式的采访体验。观众可以仿佛置身于采访现场，与采访者进行互动交流，从而更加深入地了解采访内容和背景。

其次，可以设计一些互动环节或小游戏，让观众在参与中体验采访的乐趣。例如：可以设置一些与采访内容相关的问题或挑战任务，让观众通过回答问题或完成任务来获取更多信息或奖励。

最后，还可以利用社交媒体等平台，鼓励观众分享自己的观点和看法，与多媒体产品进行互动交流。这不仅可以增强观众的参与感和归属感，还可以为多媒体产品带来更多的传播和影响力。

综上所述，采访素材在多媒体产品中的创意呈现是一个充满无限可能的过程。通过巧妙的选取与整理、视觉与听觉的创意呈现以及互动元素的融入，我们可以将采访素材转化为生动、有趣且富有吸引力的多媒体产品。这不仅提升了观众的视听体验，也进一步拓宽了多媒体产品的表现力和传播力。在未来的多媒体产品制作中，我们应不断探索和创新，为观众带来更多惊喜和感动。

三、编辑技巧在提升多媒体产品效果中的应用

随着信息技术的迅猛发展，多媒体产品已成为人们获取信息和娱乐的重要渠道。在多媒体产品的制作过程中，编辑技巧的运用对于提升产品的整体效果具有至关重要的作用。

（一）音频编辑技巧的应用

音频是多媒体产品中不可或缺的元素之一，而音频编辑技巧则直接关系到音频质量的高低。通过运用音频编辑技巧，可以有效提升多媒体产品的听觉效果，增强观众的沉浸感。

首先，音频剪辑是音频编辑中的基础技巧。通过剪辑，可以去除冗余部分，保留精彩瞬间，使得音频内容更加紧凑、有趣。同时，合理的剪辑还可以调整音频的节奏和氛围，使之与多媒体产品的整体风格相协调。

其次，音频混响和均衡处理也是提升多媒体产品听觉效果的重要手段。通过混响处理，可以为音频添加空间感和深度感，使得声音更加立体、饱满。而均衡处理则可以调整音频中不同频段的音量和音色，使之更加平衡、悦耳。

最后，音效的添加也是音频编辑中的一大亮点。通过添加特效音效、环境音效等，可以丰富音频的表现力，增强观众的代入感和沉浸感。

（二）视频编辑技巧的应用

视频是多媒体产品的核心组成部分，而视频编辑技巧的应用直接关系到产品的视觉效果和吸引力。通过巧妙的视频编辑，可以使多媒体产品更加生动、有趣。

首先，视频剪辑是视频编辑中的基础环节。通过剪辑，可以选取最具代表性的画面片段，构建出流畅、连贯的叙事结构。同时，合理的剪辑还可以突出主题、强化情感表达，使得多媒体产品更加引人入胜。

其次，视频特效的运用也是提升多媒体产品视觉效果的重要手段。通过添加转

场特效、滤镜效果等，可以增强画面的动感和层次感，使得视频内容更加丰富多彩。同时，特效的运用还可以为产品增添独特的风格和气质，提升产品的辨识度。

最后，字幕和动画的添加也是视频编辑中不可忽视的方面。通过添加合适的字幕和动画，可以解释画面内容、强调关键信息，使得观众更加容易理解和接受多媒体产品所传递的信息。

（三）图文编辑技巧的应用

图文结合是多媒体产品中常见的表现形式，而图文编辑技巧的应用可以使图文内容更加协调、美观。

首先，图片的选取和处理是图文编辑中的关键环节。通过选取高质量的图片并进行适当的裁剪、调色等处理，可以使图片与文字内容更加匹配，提升整体的视觉效果。

其次，文字的排版和字体选择也是图文编辑中不可忽视的方面。通过合理的排版和字体选择，可以使文字更加易读、美观，同时增强整体的设计感。

最后，图文之间的布局和搭配也是图文编辑中需要注意的方面。通过合理的布局和搭配，可以使图文内容更加和谐、统一，增强整体的视觉效果和阅读体验。

（四）整体协调与统一

在多媒体产品制作中，除音频、视频、图文等元素的单独编辑外，还需要注重整体的协调与统一。通过合理的布局和搭配，使各元素之间相互呼应、相互补充，形成统一的视觉效果和听觉效果。同时，还需要考虑多媒体产品的传播渠道和受众特点，以确保产品在不同平台和不同受众群体中的表现效果一致。

（五）创新性与个性化

在提升多媒体产品效果的过程中，编辑技巧的运用还需要注重创新性和个性化。通过尝试新的编辑手法和表现形式，可以打破传统的制作模式，为观众带来新颖的视觉和听觉体验。同时，个性化编辑也是提升产品辨识度和吸引力的重要手段，通过展现独特的风格和气质，使多媒体产品在众多产品中脱颖而出。

综上所述，编辑技巧在提升多媒体产品效果中发挥着举足轻重的作用。通过运用音频、视频、图文等元素的编辑技巧，可以使多媒体产品更加生动、有趣，具有吸引力。同时，注重整体的协调与统一及创新性和个性化的编辑手法，也是提升多媒体产品效果的关键所在。在未来的多媒体产品制作中，我们应不断探索和创新编辑技巧，为观众带来更加优质的视听体验。

第四节　新闻采访与编辑在社交媒体平台上的互动

一、社交媒体平台在新闻传播中的作用分析

随着互联网的快速发展，社交媒体平台已经成为人们获取信息、交流思想的重要渠道。在新闻传播领域，社交媒体平台发挥着越来越重要的作用。

（一）扩大新闻的传播范围与影响力

社交媒体平台通过其广泛的用户基础和高度互动性，极大地扩大了新闻的传播范围和影响力。在社交媒体平台上，新闻内容可以通过分享、转发、评论等方式迅速传播，覆盖更广泛的受众群体。这种传播方式不仅突破了传统媒体的时空限制，还使新闻内容能够在短时间内迅速扩散，产生巨大的社会影响力。

以微博为例。作为国内最大的社交媒体平台之一，其用户数量庞大，活跃度高。在新闻事件发生时，微博上的相关话题往往能够迅速成为热搜，吸引大量用户关注和讨论。这种传播效应不仅提高了新闻的曝光率，还使得新闻事件能够在更广泛的范围内引起公众关注和思考。

（二）提供实时互动与参与式新闻传播

社交媒体平台为新闻传播提供了实时互动和参与式的传播方式。传统媒体在新闻传播中往往采用单向传播的方式，而社交媒体平台则使受众能够积极参与新闻的讨论和传播。通过点赞、评论、分享等操作，受众可以表达自己的观点和态度，与新闻发布者和其他受众进行互动。这种参与式的传播方式不仅增强了受众的参与感和归属感，还使新闻传播更加生动、有趣。

同时，社交媒体平台上的实时互动也为新闻发布者提供了宝贵的反馈。通过关注受众的评论和反馈，新闻发布者可以及时了解受众的需求和意见，调整传播策略，提高新闻传播效果。这种互动性的新闻传播方式也有助于增强新闻发布者与受众之间的信任和联系。

（三）个性化推荐与定制化新闻服务

此外，社交媒体平台还通过个性化推荐算法，为受众提供定制化的新闻服务。这些算法根据用户的兴趣、行为和历史数据，为用户推荐符合其需求的新闻内容。这种个性化的推荐方式使得新闻传播更加精准、高效，提高了受众对新闻的满意度

和黏性。

例如：微博等社交媒体平台都具备强大的个性化推荐功能。它们通过分析用户的浏览记录、点赞、评论等行为数据，为用户推送个性化的新闻内容。这种定制化的新闻服务不仅满足了用户的个性化需求，还提高了新闻的传播效率和精准度。

（四）多元信息呈现与多媒体融合

社交媒体平台支持多种形式的新闻内容呈现，包括文字、图片、视频、音频等。这种多元信息的呈现方式使得新闻传播更加生动、形象，提高了受众的阅读体验和理解度。同时，社交媒体平台还支持多媒体融合，使得新闻内容能够在不同平台之间无缝对接，形成立体化的传播效果。

例如：在报道重大新闻事件时，新闻机构可以利用社交媒体平台发布文字报道、图片、视频等多种形式的内容，为受众提供全方位的信息展示。这种多媒体融合的传播方式不仅丰富了新闻的表现形式，还提高了受众对新闻事件的认知和理解。

（五）促进新闻创新与内容多样性

社交媒体平台为新闻传播带来了创新和多样性的机会。由于社交媒体平台具有开放性和包容性，新闻发布者可以尝试各种新的传播方式和内容形式，以满足受众的多样化需求。同时，社交媒体平台上的用户生成内容也为新闻传播提供了丰富的素材和灵感。

例如：一些新闻机构在社交媒体平台上开展"公民新闻"项目，鼓励用户参与新闻报道和制作。这种创新的传播方式不仅拓宽了新闻来源和渠道，还提高了受众对新闻的参与度和认同感。

综上所述，社交媒体平台在新闻传播中发挥着多方面的作用。它扩大了新闻的传播范围与影响力，提供了实时互动与参与式新闻传播的机会，实现了个性化推荐与定制化新闻服务，支持多元信息呈现与多媒体融合，并促进了新闻创新与内容多样性。然而，社交媒体平台在新闻传播中也存在一些挑战和问题，如信息真实性、隐私保护等。因此，在使用社交媒体平台进行新闻传播时，需要充分认识其优势与局限，合理利用其特点，以提高新闻传播的质量和效果。

二、采访与编辑在社交媒体上的策略协同

随着社交媒体的快速发展和普及，其在信息传播、品牌推广、用户互动等方面发挥着越来越重要的作用。对于新闻机构和媒体平台而言，如何在社交媒体上实现采访与编辑的策略协同，以提高信息传播的效率和效果，成了一个值得探讨的问题。

（一）社交媒体时代采访与编辑的新特点

在社交媒体时代，采访与编辑工作呈现出了新的特点。一方面，社交媒体的实时性、互动性和个性化特点使得采访和编辑工作更加灵活多样，可以迅速捕捉热点话题，及时回应受众需求。另一方面，社交媒体的碎片化、分散化特点也给采访和编辑工作带来了挑战，需要更加精准地把握受众心理，提高内容的质量和吸引力。

（二）采访与编辑在社交媒体上的策略协同意义

采访与编辑在社交媒体上的策略协同，对于提升媒体传播效果具有重要意义。首先，通过协同工作，可以实现信息资源的共享和优化配置，提高信息的传播速度和广度。其次，协同工作有助于增强媒体的品牌影响力和用户黏性，提升媒体在社交媒体平台上的竞争力。最后，策略协同还可以促进采访与编辑团队之间的沟通与协作，提高工作效率和团队凝聚力。

（三）采访与编辑在社交媒体上的策略协同实施建议

在社交媒体上实施采访与编辑的策略协同，首先需要明确目标受众和媒体定位。通过分析目标受众的兴趣、需求和行为特点，制订针对性的内容策略和传播方案。同时，根据媒体定位，确定采访和编辑工作的重点和方向，确保内容与媒体品牌形象相符合。

为了确保采访与编辑在社交媒体上的策略协同能够顺利进行，需要制定一套协同工作流程。这包括明确采访与编辑的分工与协作方式、制定信息共享和沟通机制、设定内容审核和发布流程等。通过规范的流程管理，确保采访与编辑工作能够高效、有序的进行。

在社交媒体上，内容的创新和个性化是吸引受众的关键。因此，采访与编辑在协同工作时，应注重内容的创新和个性化表达。可以通过深入挖掘话题、采用新颖的报道形式、运用独特的视角和语言等方式，提升内容的吸引力和传播力。同时，根据受众的反馈和需求，及时调整内容策略，确保内容能够持续满足受众的期待。

社交媒体平台提供了丰富的功能和工具，可以帮助采访与编辑更好地实现策略协同。例如：可以利用社交媒体的实时互动功能，与受众进行在线交流、收集反馈意见；利用社交媒体的数据分析功能，分析受众的行为和兴趣特点，为内容策略的制定提供数据支持；利用社交媒体的分享和转发功能，扩大信息的传播范围等。通过充分利用这些功能，可以进一步提升采访与编辑在社交媒体上的传播效果。

采访与编辑在社交媒体上的策略协同需要团队成员之间的紧密协作和配合。因此，加强团队协作和培训是实施策略协同的重要保障。可以通过定期召开团队会议、分享经验和案例、开展专业培训等方式，提升团队成员的专业素养和协作能力。同时，建立激励机制和奖励制度，激发团队成员的积极性和创造力。

采访与编辑在社交媒体上的策略协同是提升媒体传播效果的重要途径。通过明确目标受众和媒体定位、制定协同工作流程、强化内容创新与个性化、充分利用社交媒体功能以及加强团队协作与培训等措施的实施，可以有效提升采访与编辑在社交媒体上的传播效果和影响力。在未来的发展中，随着社交媒体技术的不断创新和应用场景的拓展，采访与编辑在社交媒体上的策略协同将发挥更加重要的作用，为媒体行业的发展注入新的活力。

三、采访与编辑在社交媒体上的互动模式探索

随着社交媒体平台的崛起，新闻制作和传播的方式发生了深刻的变革。在这一背景下，采访与编辑之间的互动模式也随之发生了变化。

（一）采访与编辑在社交媒体上互动的必要性

社交媒体平台以其独特的传播特性，为采访与编辑之间的互动提供了全新的可能。一方面，社交媒体的即时性使得采访与编辑能够实时沟通，快速调整报道方向和策略。另一方面，社交媒体的互动性为采访与编辑提供了丰富的信息来源和反馈渠道，有助于增强报道的针对性和深度。

因此，采访与编辑在社交媒体上的互动不仅有助于提升新闻制作效率，还能增强新闻报道的时效性和准确性。同时，这种互动模式也有助于增强媒体与受众之间的联系，提升媒体的品牌影响力和社会影响力。

（二）采访与编辑在社交媒体上的互动模式分析

在社交媒体平台上，采访与编辑可以通过私信、群聊等方式进行实时沟通。这种沟通方式不仅便捷高效，还能确保信息的及时传递和反馈。在采访过程中，编辑可以实时提供背景资料、指导采访方向，确保采访内容的针对性和有效性。同时，编辑还能根据采访进展及时调整报道策略，提升新闻报道的整体质量。

社交媒体平台上的信息共享功能使得采访与编辑能够轻松获取和整合各种资源。采访人员可以通过社交媒体平台收集线索、了解事件背景，为采访做好充分准备。编辑人员则可以利用社交媒体平台上的各种工具对信息进行筛选、整合和呈现，确保新闻报道的准确性和可读性。

社交媒体平台为受众提供了便捷的反馈渠道，采访与编辑人员可以通过这些渠

道获取受众对新闻报道的意见和建议。这种反馈机制有助于采访与编辑及时调整报道方向和策略，提升新闻报道的针对性和实效性。同时，采访与编辑人员还可以通过社交媒体平台邀请受众参与报道过程，增强新闻报道的互动性和参与度。

第六章　新媒体时代的新闻采访与编辑团队建设

第一节　新闻采访与编辑团队的重要性

一、团队在新闻采编工作中的核心作用

新闻采编工作作为新闻传播的重要环节，其质量和效率直接关系到新闻媒体的公信力和影响力。在信息化、网络化的时代背景下，新闻采编工作面临着前所未有的挑战和机遇。在这样的背景下，团队在新闻采编工作中的核心作用越发凸显。

（一）团队协作：提升新闻采编效率与质量

团队协作是新闻采编工作的基础。一个优秀的新闻采编团队，能够充分发挥每个成员的专业特长，形成合力，共同应对新闻采编中的各种挑战。通过团队协作，可以实现信息的快速传递和共享，减少重复劳动，提高工作效率。同时，团队成员之间的互相监督和纠错，也有助于提升新闻采编的质量。

在团队协作中，团队成员之间需要建立良好的沟通机制，保持信息畅通。这包括定期召开团队会议，分享新闻线索、采访经验和编辑技巧，以及及时讨论和解决工作中遇到的问题。此外，团队成员还需要具备团队协作精神，相互支持、相互配合，共同为新闻采编工作贡献力量。

（二）资源整合：优化新闻采编流程与内容

新闻采编工作涉及的信息资源种类繁多，包括文字、图片、视频等多种形式。团队在新闻采编工作中的另一个核心作用就是资源整合。通过整合各种信息资源，团队可以优化新闻采编流程，丰富新闻报道内容，提升新闻报道的吸引力和影响力。

在资源整合方面，团队需要充分利用现代技术手段，如大数据、云计算等，对海量信息进行筛选、分析和处理。同时，团队还需要积极与其他媒体、机构合作，

共享资源，拓宽新闻来源。通过资源整合，团队可以更加全面地了解新闻事件，更加深入地挖掘新闻价值，为受众提供更加优质、丰富的新闻报道。

（三）创新思维：推动新闻采编工作创新发展

在新闻采编工作中，创新思维是推动工作创新发展的关键。团队在新闻采编工作中的创新思维主要体现在以下几个方面：

首先，团队需要关注新闻行业的最新动态和趋势，及时调整新闻采编策略和方向。这要求团队成员具备敏锐的市场洞察力和前瞻性思维，能够准确把握新闻行业的发展趋势，为新闻采编工作提供有力的指导。

其次，团队需要不断探索新的报道形式和传播方式。在信息化、网络化的时代背景下，新闻传播的渠道和形式日益多样化。团队需要积极尝试新的报道形式，如短视频、直播等，以满足受众的多元化需求。同时，团队还需要关注新媒体的发展动态，充分利用新媒体的传播优势，增强新闻报道的传播效果。

最后，团队需要鼓励成员之间的思想碰撞和创意交流。通过定期组织创意分享会、头脑风暴等活动，激发团队成员的创新思维，为新闻采编工作注入新的活力和创意。

（四）提升团队在新闻采编工作中的核心作用

为了充分发挥团队在新闻采编工作中的核心作用，需要从以下几个方面进行努力：

加强团队建设，提升团队凝聚力。通过定期开展团队建设活动，增强团队成员之间的信任感和默契度，形成共同的目标和价值观。

强化培训和学习，提升团队成员的专业素养。通过定期开展培训和学习活动，使团队成员掌握最新的新闻采编技能和知识，提升工作效率和质量。

建立科学的激励机制，激发团队成员的积极性和创造力。通过设立奖励制度、晋升机会等，鼓励团队成员积极投入新闻采编工作，为团队的发展贡献力量。

团队在新闻采编工作中的核心作用不可忽视。通过团队协作、资源整合和创新思维等方面的努力，可以提升新闻采编工作的效率和质量，推动新闻媒体的持续发展。因此，我们应该高度重视团队在新闻采编工作中的核心作用，并采取有效措施加以提升和优化。只有这样，我们才能更好地应对新闻行业的挑战和机遇，为受众提供更加优质、丰富的新闻报道。

二、优秀团队对提升新闻质量的关键作用

在新闻行业中，新闻质量是衡量一个媒体机构声誉和影响力的关键因素，而优

秀团队则是提升新闻质量的重要保障。一个优秀的新闻团队不仅具备扎实的专业知识和技能，还拥有良好的团队协作精神和创新能力。这些优秀品质共同作用于新闻采编的各个环节，从而显著提升新闻质量。

（一）团队构成：专业性与多样性的融合

优秀的新闻团队往往具备专业性与多样性的融合特点。团队成员在新闻采编、摄影摄像、后期制作等方面具备扎实的专业知识和技能，能够独立完成各项任务。同时，团队成员的学科背景、工作经验和思维方式也呈现出多样性，这种多样性为团队带来了更加广阔的视野和丰富的创意。

在新闻采编过程中，团队成员能够充分发挥各自的专业特长，形成优势互补。摄影摄像人员能够捕捉到生动、真实的新闻现场画面；文字记者则能够深入挖掘新闻背后的故事，撰写出深入人心的报道；后期制作人员则能够通过剪辑、配音等手段，提升新闻的整体呈现效果。这种专业分工与协作使得新闻报道更加全面、深入、生动。

（二）协作机制：高效沟通与默契配合

优秀的新闻团队注重建立高效的协作机制。团队成员之间保持密切的沟通与联系，确保信息的及时传递和共享。在新闻采编过程中，团队成员能够迅速响应、高效协作，共同应对各种突发情况和挑战。

此外，优秀的新闻团队还注重培养成员之间的默契配合。通过长期的共事和磨合，团队成员之间形成了默契的合作关系，能够相互理解、相互支持。在新闻报道中，这种默契配合使得团队成员能够迅速捕捉到新闻的核心信息，准确把握报道的方向和重点。

（三）创新能力：推动新闻报道的突破与发展

优秀的新闻团队具备强烈的创新意识和能力。在新闻报道中，团队成员能够不断尝试新的报道形式、新的传播方式和新的技术手段，为受众带来全新的阅读体验。

首先，在报道形式上，优秀的新闻团队注重创新。他们善于运用图表、动画、短视频等多种元素，使新闻报道更加生动、形象、有趣。这种多样化的报道形式不仅能够吸引受众的注意力，还能够提高新闻报道的传播效果。

其次，在传播方式上，优秀的新闻团队积极拓展新媒体渠道。他们充分利用互联网、社交媒体等新媒体平台，将新闻报道迅速传播给广大受众。通过新媒体的传播方式，新闻报道能够更广泛地覆盖受众群体，提高媒体的影响力和知名度。

最后，在技术手段上，优秀的新闻团队积极采用先进的技术手段，如大数据分析、人工智能等，为新闻报道提供有力支持。这些技术手段能够帮助团队成员更加准确地把握新闻事件的发展趋势和受众需求，从而制定更加精准的报道策略。

（四）质量把控：严谨态度与精细管理

优秀的新闻团队在新闻报道中始终保持严谨的态度和精细的管理。他们注重从新闻线索的筛选、采访的深入、稿件的撰写到后期的编辑制作等各个环节的质量控制。

在新闻线索的筛选上，团队成员能够敏锐地捕捉到有价值的新闻线索，并进行深入的调查和核实。在采访过程中，他们注重挖掘新闻背后的故事和细节，力求还原事实真相。在稿件的撰写上，他们注重文字的准确性和生动性，确保报道内容的客观性和可读性。在后期的编辑制作中，他们注重细节的处理和整体效果的呈现，提升新闻报道的观赏性和传播力。

此外，优秀的新闻团队还注重建立完善的质量把控机制。他们通过设立专门的质量检查岗位、制定严格的审稿制度等方式，确保新闻报道的质量符合媒体机构的要求和标准。同时，他们还会定期对新闻报道进行质量评估和总结，及时发现问题并进行改进，不断提升新闻报道的质量和水平。

综上所述，优秀团队在提升新闻质量方面发挥着至关重要的作用。通过专业性与多样性的融合、高效沟通与默契配合、创新能力及严谨态度与精细管理等方面的优势，优秀团队能够打造出高质量、有深度的新闻报道，赢得受众的认可和信任。因此，我们应该高度重视团队建设，努力打造一支优秀的新闻团队，为提升新闻质量提供有力保障。

在未来的新闻行业中，随着技术的不断发展和受众需求的不断变化，优秀团队将面临更多的挑战和机遇。我们需要不断适应新形势、新要求，加强团队建设和管理，提升团队的专业素养和创新能力，以更好地应对挑战、把握机遇，为新闻行业的发展贡献更多的力量。

三、团队建设对新闻机构发展的推动作用

新闻机构作为社会信息传播的重要载体，其发展水平直接关系到社会舆论的导向和公众知情权的保障。在当前信息爆炸的时代背景下，新闻机构面临着激烈的竞争和不断变化的市场环境。在这样的背景下，团队建设对于新闻机构的发展具有至关重要的推动作用。

（一）提升工作效率，优化新闻生产流程

优秀的新闻团队具备高效的协作机制和默契的配合能力，能够迅速响应新闻事件，快速完成新闻采编、制作和发布等工作。通过团队成员之间的有效沟通和分工

合作，新闻机构能够优化新闻生产流程，减少重复劳动和资源浪费，提高工作效率。同时，团队成员的专业技能和经验积累也能够相互补充和借鉴，从而提升新闻报道的质量和水平。

（二）促进创新发展，引领行业潮流

团队建设不仅关注当前的工作效率和新闻报道质量，更注重培养团队的创新意识和能力。一个具备创新精神的新闻团队能够不断探索新的报道形式、传播方式和经营模式，为新闻机构的发展注入新的活力。通过团队内部的创意碰撞和思维激荡，新闻机构能够创造出更多具有影响力和吸引力的新闻产品，引领行业潮流，提升市场竞争力。

（三）增强品牌影响力，提升媒体形象

优秀的新闻团队能够打造出高质量的新闻报道和节目，赢得受众的信任和喜爱。通过持续不断地为受众提供有价值的新闻信息和服务，新闻机构能够逐渐建立自己的品牌形象和口碑。一个拥有优秀团队的新闻机构往往能够在受众心中树立权威、专业、可信的形象，从而吸引更多的受众关注和支持。这种品牌影响力的提升不仅能够增强新闻机构的市场竞争力，还能够为机构带来更多的商业合作和广告收入。

（四）培养优秀人才，为机构发展储备力量

团队建设不仅关注当前的新闻报道和业务发展，更注重人才的培养和储备。通过搭建良好的学习和发展平台，新闻机构能够吸引和培养更多具备专业素养和创新精神的人才。这些人才将成为机构未来发展的核心力量，为机构的持续发展提供有力保障。同时，优秀的团队还能够激发员工的归属感和忠诚度，降低人员流失率，为机构的稳定发展奠定坚实基础。

（五）激发团队活力，应对行业挑战

新闻行业面临日益激烈的竞争和不断变化的市场环境。在这样的背景下，一个充满活力和凝聚力的团队能够更好地应对各种挑战和机遇。通过团队建设活动、激励机制和文化建设等手段，新闻机构能够激发团队成员的积极性和创造力，使他们在面对困难和挑战时能够迎难而上、攻坚克难。这种团队活力将成为新闻机构应对行业挑战、实现持续发展的重要动力。

（六）促进资源共享，实现互利共赢

在团队建设中，新闻机构注重团队成员之间的资源共享和合作。通过搭建内部

交流平台、开展合作项目和共享资源等方式，团队成员能够相互学习、相互支持，实现资源共享和互利共赢。这种合作模式不仅能够提升新闻报道的质量和效率，还能够促进机构内部的和谐氛围和良好关系。

综上所述，团队建设对新闻机构发展的推动作用表现在多个方面。通过提升工作效率、促进创新发展、增强品牌影响力、培养优秀人才及激发团队活力等手段，新闻机构能够不断提升自身的竞争力和影响力，实现持续稳健的发展。因此，新闻机构应该高度重视团队建设工作，不断完善团队管理机制和激励机制，为机构的长期发展奠定坚实基础。

在未来的发展中，新闻机构需要继续加强团队建设，不断提升团队的整体素质和能力水平。同时，还需要关注行业发展趋势和市场需求变化，不断调整和优化团队结构和运作方式，以适应不断变化的市场环境。只有这样，新闻机构才能在激烈的市场竞争中立于不败之地，为社会的和谐稳定和公众的信息需求做出更大的贡献。

第二节　新闻采访与编辑团队的组建与管理

一、团队成员选拔与培养的标准与策略

在新闻机构中，团队成员的选拔与培养是确保机构持续发展和提升竞争力的关键环节。一个优秀的团队不仅能够高效地完成工作任务，还能够不断创新，推动机构向前发展。因此，制定科学合理的选拔与培养标准和策略至关重要。

（一）团队成员选拔的标准

新闻机构在选拔团队成员时，首要考虑的是其专业能力与技能。这包括新闻采编、摄影摄像、后期制作等方面的专业技能，以及对新闻行业的敏感度和洞察力。只有具备扎实的专业基础，才能胜任新闻工作，为机构提供高质量的新闻报道。除专业技能外，团队成员的综合素质与态度也是选拔的重要标准。这包括良好的沟通能力、团队合作精神、责任心、抗压能力等。一个优秀的团队成员应该能够积极面对挑战，与同事保持良好的合作关系，共同为机构的发展贡献力量。

在快速发展的新闻行业中，学习能力与创新意识也是选拔团队成员的重要考量因素。一个优秀的团队成员应该具备持续学习的能力，不断更新自己的知识和技能；同时，还应该具备创新意识，能够不断探索新的报道形式、传播方式和经营模式，为机构的发展注入新的活力。

（二）团队成员培养的策略

针对团队成员的不同特点和需求，制订个性化的培训计划。通过组织内部培训、外部学习、实践锻炼等多种方式，提升团队成员的专业技能和综合素质。同时，鼓励团队成员参加行业交流、研讨会等活动，拓宽视野，增强行业认知。在新闻机构中，建立导师制度是一种有效的培养方式。通过让经验丰富的老员工担任导师，对新员工进行一对一的指导和帮助，使其快速适应工作环境，掌握工作技能。导师制度不仅能够提升新员工的业务能力，还能够促进机构内部的传承和发展。

实践是提升团队成员能力的有效途径。新闻机构应该为团队成员提供足够的实践机会，让他们在实际工作中锻炼自己的技能和能力。同时，也可以适当给团队成员一些挑战性的任务，激发他们的潜力和创新精神，推动他们不断突破自我。为了激发团队成员的积极性和创造力，新闻机构应该建立合理的激励机制和晋升通道。通过设立奖励制度、晋升机会等方式，对表现优秀的团队成员进行表彰和激励，让他们感受到自己的价值和成就感。同时，也要为团队成员提供清晰的晋升通道和发展路径，让他们有明确的职业规划和发展方向。

一个积极向上的团队氛围对于团队成员的成长和发展至关重要。新闻机构应该注重营造和谐、开放、包容的团队氛围，鼓励团队成员之间的交流和合作，共同解决问题和面对挑战。同时，也要关注团队成员的心理健康和情绪变化，及时给予他们关心和支持，帮助他们保持良好的工作状态和心态。

（三）选拔与培养策略的持续优化

在选拔与培养团队成员的过程中，新闻机构还需要不断对策略进行优化和调整。这包括根据机构发展的需要和市场的变化，对选拔标准进行动态调整；根据团队成员的实际表现和反馈，对培养计划进行改进和完善；同时，也要关注行业发展趋势和新技术应用，不断更新培训内容和方法，确保团队成员能够跟上时代的步伐。

综上所述，团队成员的选拔与培养是新闻机构发展的重要保障。通过制定科学合理的选拔标准与培养策略，新闻机构能够选拔到优秀的团队成员，并为他们提供良好的成长环境和发展空间。这样不仅能够提升机构的新闻报道质量和市场竞争力，还能够为机构的长期发展奠定坚实基础。在未来的发展中，新闻机构应该持续关注团队成员的选拔与培养工作，不断优化策略和方法，以适应不断变化的市场环境和行业需求。

二、团队结构的优化与功能定位

在新闻机构中，团队结构的优化与功能定位是提升工作效率、促进业务发展和实现战略目标的关键环节。一个科学合理的团队结构能够充分发挥团队成员的潜力，提升整体业绩，从而推动新闻机构的持续发展。

（一）团队结构优化的必要性

随着新闻行业的快速发展和市场竞争的加剧，传统的团队结构已经难以满足新闻机构的发展需求。传统的团队结构往往存在职责不清、沟通不畅、协作不力等问题，导致工作效率低下、业务发展受限。因此，对团队结构进行优化，明确各成员的职责和角色，提升团队协作能力和创新能力，已经成为新闻机构亟待解决的问题。

（二）团队结构优化的策略

扁平化管理是团队结构优化的重要策略之一。通过减少管理层级，缩短决策链条，提高决策效率。扁平化管理能够使团队成员更加接近市场和业务现场，更好地了解客户需求和市场变化，从而快速做出反应和调整。同时，扁平化管理还能够促进团队成员之间的沟通和协作，提升整体工作效率。新闻机构的业务涉及采编、制作、发行等多个环节，需要不同部门之间的紧密协作。因此，在团队结构优化中，应注重跨部门协作的建设。通过搭建跨部门沟通平台、建立协作机制等方式，促进各部门之间的信息共享和资源整合，提升工作效率和业务质量。

在团队结构优化中，应根据团队成员的专业能力和特长进行专业化分工。将任务划分为不同的专业领域，由具备相应能力的团队成员负责。这样能够充分发挥团队成员的专业优势，提高工作质量和效率。同时，专业化分工还能够促进团队成员之间的学习和交流，推动团队整体能力的提升。新闻机构应根据业务发展需要和市场变化，灵活调整团队规模和结构。在业务高峰期或重大事件发生时，可以适当增加团队成员和扩大团队规模，以满足业务需求；在业务淡季或市场变化时，可以适当减少团队成员和调整团队结构，以降低成本和提高效率。

（三）团队的功能定位

在团队结构优化中，明确各团队的功能定位也是至关重要的。新闻机构可以根据业务需求和战略目标，将团队划分为不同的功能模块，并明确各模块的职责和角色。

新闻采编团队是新闻机构的核心力量，负责新闻的采集、编辑和发布工作。他们应该具备敏锐的新闻嗅觉、扎实的采编技能和良好的职业道德，能够快速、准确地报道新闻事件，为公众提供及时、准确的信息服务。

技术支持团队是新闻机构的重要支撑力量，负责为新闻采编、制作和发布提供技术支持和保障。他们应该具备专业的技术能力和创新意识，能够不断研发新技术、优化系统性能，提升新闻机构的技术水平和竞争力。

市场运营团队负责新闻机构的品牌推广、市场拓展和客户关系管理工作。他们应该具备敏锐的市场洞察力和营销策略制定能力，能够制订有效的市场推广计划，提升新闻机构的知名度和影响力；同时，还要积极与客户沟通合作，建立良好的客户关系，为机构的长期发展奠定基础。

管理与协调团队在新闻机构中扮演着至关重要的角色。他们负责制订团队的工作计划、监督执行情况，并协调各个团队之间的合作。管理与协调团队应具备出色的组织能力和协调能力，能够确保团队工作的有序进行，并在出现问题时及时采取措施解决。

（四）持续优化与调整

团队结构的优化与功能定位并非一蹴而就的，而是需要随着新闻机构的发展和市场环境的变化进行持续优化与调整。新闻机构应定期评估团队结构的有效性和功能定位的合理性，根据评估结果进行必要的调整。同时，还应关注行业发展趋势和新技术应用，及时调整团队结构和功能定位，以适应不断变化的市场需求。

综上所述，团队结构的优化与功能定位对于新闻机构的发展具有重要意义。通过扁平化管理、跨部门协作、专业化分工以及灵活调整团队规模与结构等策略，可以优化团队结构，提升工作效率和业务能力。同时，明确各团队的功能定位，能够确保团队成员在各自领域发挥最大价值，共同推动新闻机构的持续发展。在未来的发展中，新闻机构应持续关注团队结构的优化与功能定位问题，并根据实际情况进行适时调整和改进。

三、团队内部沟通与协作机制的建设

在新闻机构中，团队内部沟通与协作机制的建设对于提升工作效率、促进业务发展和增强团队凝聚力具有至关重要的作用。一个良好的沟通与协作机制能够使团队成员之间的信息流通更加顺畅，工作配合更加默契，从而推动新闻机构的整体发展。

（一）团队内部沟通与协作的重要性

团队内部沟通与协作是新闻机构高效运作的基础。通过良好的沟通，团队成员可以及时了解彼此的工作进展、遇到的问题和需要的支持，从而做出相应的调整和配合。协作则能够使团队成员在共同的目标下形成合力，共同解决问题，提升工作效率。良好的沟通与协作机制有助于增强团队成员之间的信任感和归属感，提升团队的凝聚力和战斗力。

（二）团队内部沟通与协作机制建设的策略

新闻机构应建立明确的沟通渠道和方式，确保团队成员之间的信息流通畅通无阻。这包括定期召开团队会议、建立工作微信群或邮件组等线上沟通平台，以及设立专门的沟通负责人或协调员等。同时，还应明确沟通的时间、频率和内容，确保团队成员能够及时了解相关信息。为了提升团队协作的效率，新闻机构应制定明确的协作规范与流程。这包括明确各成员的职责和角色、制定任务分配和进度管理的规范、建立问题反馈和解决机制等。通过制定这些规范与流程，团队成员可以在协作过程中有章可循，减少不必要的摩擦和误解。

沟通与协作能力是团队成员必备的基本素质。新闻机构应注重培养团队成员的沟通与协作能力，通过培训、分享会等方式提升他们的沟通技巧、协作意识和团队精神。同时，还应鼓励团队成员之间多交流、多合作，形成良好的工作氛围和团队文化。为了激发团队成员的沟通与协作积极性，新闻机构应建立相应的激励机制与评价体系。这包括设立优秀团队奖、最佳协作奖等荣誉奖项，对在沟通与协作方面表现突出的团队成员进行表彰和奖励；同时，还应将沟通与协作能力纳入员工评价体系，作为晋升和薪酬调整的重要依据。

（三）实施过程中的注意事项

在沟通与协作机制的建设过程中，应尊重团队成员的个体差异和多样性。不同成员可能有不同的沟通方式和协作习惯，应尊重他们的选择并提供相应的支持。同时，还应关注团队成员的需求和反馈，及时调整机制以满足他们的期望。

沟通与协作机制应具有一定的灵活性和适应性，能够随着团队发展和市场变化进行调整和优化。新闻机构应定期评估机制的有效性和适用性，根据评估结果进行必要的调整和改进。同时，还应关注行业发展趋势和新技术应用，及时更新沟通与协作方式以提升效率。

领导层在沟通与协作机制的建设中发挥着至关重要的作用。他们应积极参与机制的制定和实施过程，为团队成员树立榜样并提供必要的支持和指导。同时，还应关注团队成员的沟通与协作情况，及时发现问题并采取措施加以解决。

团队内部沟通与协作机制的建设是新闻机构提升工作效率、促进业务发展和增强团队凝聚力的重要途径。通过建立明确的沟通渠道与方式、制定协作规范与流程、培养团队成员的沟通与协作能力及建立激励机制与评价体系等策略，可以构建出一个高效、和谐的团队沟通与协作机制。在实施过程中，应尊重个体差异与多样性、保持机制的灵活性与适应性以及强化领导层的引导与示范作用。通过不断优化和完善机制，新闻机构可以推动团队的高效运作和持续发展。

综上所述，团队内部沟通与协作机制的建设是一个系统工程，需要新闻机构从多个方面入手进行综合考虑和实施。只有建立高效、顺畅的沟通与协作机制，才能确保新闻机构在激烈的市场竞争中保持领先地位并实现持续发展。

四、团队绩效管理与激励机制的设计

在新闻机构中，团队绩效管理与激励机制的设计对于激发团队成员的潜能、提升工作效率和推动业务发展具有重要意义。一个科学合理的绩效管理与激励机制能够激发团队成员的积极性和创造力，促进团队目标的达成和整体业绩的提升。

（一）绩效管理的原则

绩效管理应以实现团队目标为导向，确保团队成员的工作方向与机构整体战略保持一致。通过设定明确、可衡量的绩效目标，引导团队成员朝着共同目标努力，形成合力。绩效管理应坚持公平公正的原则，确保评价标准客观、公正，避免主观臆断和偏见。通过公开透明的评价方式，让团队成员了解自己的工作表现，激发他们的积极性和自信心。

绩效管理应关注团队成员的成长和发展，通过反馈和指导帮助他们发现自身不足并制定改进措施。同时，机构也应根据团队绩效的实际情况不断调整和优化绩效管理体系，以适应不断变化的市场需求。

（二）激励机制的设计

物质激励包括薪酬、奖金等形式的奖励，能够直接满足团队成员的物质需求，激发他们的工作热情。精神激励则包括荣誉、晋升等形式的认可，能够增强团队成员的归属感和成就感。在设计激励机制时，应充分考虑团队成员的需求差异，将物质激励与精神激励相结合，以达到最佳的激励效果。

个体激励关注团队成员个人的工作表现和贡献，通过设立个人绩效目标、奖励优秀个人等方式激发他们的工作积极性。团队激励则强调团队成员之间的协作和配合，通过设立团队绩效目标、奖励优秀团队等方式提升团队的凝聚力和战斗力。在设计激励机制时，应平衡个体激励与团队激励的关系，确保两者相互促进、共同发展。

短期激励主要关注团队成员在短期内的工作成果和贡献，如月度奖金、季度提成等。长期激励则关注团队成员在机构中的长期发展和职业规划，如股权激励、晋升机会等。在设计激励机制时，应将短期激励与长期激励相结合，既能满足团队成员当前的物质需求，又能为他们未来的发展提供动力和支持。

（三）实施过程中的注意事项

激励机制的公平性和透明度是确保其有效性的关键。在设计激励机制时，应充分考虑团队成员的意见和建议，确保评价标准客观公正、奖励分配公平合理。同时，还应公开激励机制的具体内容和实施过程，让团队成员了解并信任这一机制。随着团队发展和市场变化，激励机制也需要不断调整和优化。机构应定期评估激励机制的效果和适用性，根据评估结果进行必要的调整和改进。同时，还应关注行业发展趋势和新技术应用，及时更新激励机制以适应新的市场需求和业务模式。

绩效反馈与沟通是绩效管理的重要环节，也是激励机制有效实施的关键。机构应定期与团队成员进行绩效反馈和沟通，了解他们的工作进展、遇到的问题和需要的支持，帮助他们制定改进措施并明确未来的发展方向。通过有效的沟通和反馈，可以增强团队成员对绩效管理和激励机制的信任感，激发他们的积极性和创造力。

团队绩效管理与激励机制的设计是新闻机构提升工作效率、推动业务发展和激发团队成员潜能的重要手段。通过遵循目标导向、公平公正和持续改进等原则，设计合理的激励机制并注重实施过程中的公平性、透明度和调整优化，可以确保绩效管理与激励机制的有效实施并取得良好效果。在未来的发展中，新闻机构应持续关注团队绩效管理与激励机制的发展趋势和实践经验，不断完善和优化相关机制以适应不断变化的市场需求和业务环境。

第三节　新闻采访与编辑团队的能力培养与提升

一、采访技能与编辑能力的专业培训

随着信息时代的快速发展，新闻行业对从业者的专业技能要求越来越高。其中，采访技能和编辑能力作为新闻工作中的两大核心要素，对于提升新闻质量、塑造媒体形象具有重要意义。因此，针对采访技能与编辑能力的专业培训成为新闻机构不可或缺的一环。

（一）培训的重要性

采访技能和编辑能力是新闻工作者必备的基本素质。通过专业培训，新闻工作者可以系统地掌握采访技巧、提升编辑水平，从而更好地完成新闻报道任务。同时，培训还有助于新闻工作者深入了解行业发展趋势和市场需求，增强自身的竞争力和适应能力。

（二）培训内容的设计

采访技能培训应涵盖采访前的准备、采访过程中的技巧及采访后的整理与分析等方面。具体来说，包括如何制订采访计划、确定采访主题和对象，如何设计采访问题、掌握提问技巧，以及如何观察和分析采访对象的言行举止、捕捉关键信息等。此外，还应注重培养新闻工作者的应变能力和沟通技巧，以应对各种复杂多变的采访场景。

编辑能力培训主要包括文字编辑、内容策划和版面设计等方面。文字编辑方面，应教授新闻工作者如何筛选信息、提炼要点，如何运用修辞手法提升文章的可读性和吸引力。内容策划方面，应培养新闻工作者对新闻价值的判断力，掌握新闻策划的原则和方法。版面设计方面，应教授新闻工作者如何运用视觉元素优化版面布局，提高新闻报道的视觉效果。

（三）培训方法的创新

在培训方法上，应注重理论与实践相结合，采用多样化的培训方式。例如：可以邀请业内专家举办讲座和授课，分享他们的经验和见解；可以组织模拟采访和编辑实践活动，让新闻工作者在实际操作中学习和掌握技能；还可以利用互联网和新媒体平台开展在线培训和交流互动，方便新闻工作者随时随地进行学习。

（四）培训效果的评估与反馈

为了确保培训效果的最大化，需要对培训过程进行定期评估和反馈。可以通过设置考核任务、组织测试或比赛等方式，对新闻工作者的采访技能和编辑能力进行检验和评估。同时，还应建立反馈机制，收集新闻工作者对培训内容的意见和建议，以便不断完善和优化培训体系。

（五）培训后的实际应用与持续发展

培训结束后，新闻工作者应将所学知识和技能应用于实际工作中，不断总结经验教训，提升自身的专业水平。同时，新闻机构也应持续关注行业动态和技术发展，为新闻工作者提供持续的学习和发展机会，帮助他们跟上时代的步伐，保持竞争优势。

采访技能与编辑能力的专业培训是提升新闻工作者专业素养和竞争力的关键举措。通过精心设计培训内容、创新培训方法及加强培训效果的评估与反馈，可以有效提升新闻工作者的采访技能和编辑能力，为新闻机构的发展注入新的活力和动力。在未来的工作中，新闻机构应继续加大对新闻工作者专业技能培训的投入力度，为新闻行业的繁荣发展提供有力的人才保障。

综上所述，采访技能与编辑能力的专业培训对新闻工作者而言具有重要意义。通过系统的培训和学习，新闻工作者可以不断提升自身的专业技能和素质水平，为新闻行业的健康发展贡献自己的力量。同时，新闻机构也应重视培训工作的开展和实施效果，确保培训成果能够真正转化为实际工作的动力和支撑。

二、新媒体技术与工具的运用能力培训

随着信息技术的迅猛发展，新媒体已经成为当今社会信息传播的重要渠道。掌握新媒体技术与工具的运用能力，对于个人职业发展以及企业竞争力的提升都具有重要意义。因此，新媒体技术与工具的运用能力培训成为当前教育培训领域的重要课题。

（一）培训的重要性

新媒体技术与工具的运用能力培训对个人和企业而言都至关重要。对个人来说，掌握新媒体技术与工具可以提升个人在职场中的竞争力，拓宽职业发展道路。对企业来说，培训员工掌握新媒体技术与工具可以提升企业在新媒体领域的营销和推广能力，增强品牌影响力，提升市场竞争力。

（二）培训内容

新媒体技术与工具的运用能力培训内容应涵盖多个方面，包括但不限于以下几个方面：

培训员工熟悉并掌握主流新媒体平台的运营规则和管理技巧，包括微博、微信公众号、抖音、快手等。了解平台特点、用户画像、内容策划与发布等方面的知识，提高平台运营效率和效果。培训员工掌握新媒体内容创作与编辑的技巧，包括文字、图片、视频等多种形式的内容制作。学习如何根据目标受众和平台特点制定内容策略，提高内容的吸引力和传播力。

培训员工了解并掌握新媒体数据分析的方法和工具，通过对数据的收集、整理和分析，了解用户行为、内容效果等关键信息，为决策和优化提供依据。培训员工学习新媒体营销与推广的策略和方法，包括社交媒体营销、搜索引擎优化、内容营销等多种手段。通过案例分析和实践操作，提高员工的营销能力和推广效果。

（三）培训方法

针对新媒体技术与工具的运用能力培训，应采用多种培训方法相结合的方式，以提高培训效果。

通过专家讲座、课堂讲解等形式，向员工传授新媒体技术与工具的基本知识、

理论和方法。选取具有代表性的新媒体案例，进行深入剖析，帮助员工理解并掌握新媒体技术与工具在实际应用中的技巧和策略。

组织员工进行实践操作，包括平台运营、内容创作、数据分析等，让员工在实际操作中熟悉并掌握新媒体技术与工具的运用。鼓励员工之间进行互动交流，分享经验、探讨问题，促进知识的共享和传播。

（四）培训效果评估

为了确保培训效果的最大化，需要对培训过程及结果进行评估。可以通过以下几种方式进行：

在培训开始前，对员工的新媒体技术与工具运用能力进行测试，记录初始水平。培训结束后，再次进行测试，对比培训前后的变化，以评估培训效果。针对培训内容，设计实际操作考核任务，要求员工在规定时间内完成。通过考核任务的完成情况，评估员工的掌握程度和运用能力。

通过问卷调查、座谈会等方式，收集员工对培训内容的反馈和意见，了解员工的学习需求和改进建议，为后续的培训工作提供参考。

新媒体技术与工具的运用能力培训对于提升个人和企业的竞争力具有重要意义。通过精心设计的培训内容、多样化的培训方法及科学的培训效果评估，可以帮助员工快速掌握新媒体技术与工具的运用能力，提升工作效率和效果。在未来的工作中，我们应继续关注新媒体技术的发展趋势和应用场景，不断更新和完善培训内容和方法，以适应不断变化的市场需求和技术环境。

同时，企业和个人也应认识到新媒体技术与工具的运用能力不是一蹴而就的，需要持续的学习和实践。因此，除组织专门的培训活动外，还应鼓励员工在日常工作中积极运用新媒体技术与工具，不断积累经验、提升技能水平。

此外，培训过程中还应注重培养员工的创新意识和跨界思维。新媒体领域不断创新和发展，要求从业者具备敏锐的洞察力和广阔的视野。通过培养员工的创新意识和跨界思维，可以帮助他们更好地适应新媒体领域的变化和挑战，为企业创造更多的价值。

综上所述，新媒体技术与工具的运用能力培训是一项长期而重要的工作。科学的培训设计和实施，可以帮助员工提升新媒体技术与工具的运用能力，为企业的发展注入新的活力和动力。在未来的工作中，我们应继续关注新媒体技术的发展和应用趋势，不断优化培训内容和方法，以适应快速变化的市场环境。

三、团队协作与沟通能力的提升

在当今快速变化的社会环境中，团队协作与沟通能力已经成为个人和组织成功的关键因素。无论是企业内部的项目合作，还是跨部门的协同工作，都需要团队成员具备良好的沟通和协作能力。因此，提升团队协作与沟通能力对于个人职业发展和组织绩效提升具有重要意义。

（一）团队协作与沟通能力的重要性

团队协作是指团队成员为实现共同目标而相互协作、分工合作的过程。良好的沟通能力则是团队协作的基础，它能够促进信息的有效传递，减少误解和冲突，提高工作效率。团队协作与沟通能力的重要性主要体现在以下几个方面：

提升工作效率：通过团队协作，可以将任务分解并分配给合适的成员，实现资源的优化配置。而良好的沟通能力则能够确保团队成员之间的信息畅通，减少重复劳动和无效沟通，从而提高工作效率。

促进创新与合作：团队协作能够集思广益，汇聚不同成员的智慧和创意。而良好的沟通能力则能够促进团队成员之间的深入交流和合作，激发创新思维，推动项目的创新与发展。

增强团队凝聚力：通过团队协作和沟通，可以增进团队成员之间的了解和信任，形成共同的价值观和目标。这种凝聚力有助于提升团队的士气和动力，使团队成员更加愿意为共同目标而努力。

（二）团队协作与沟通能力的提升策略

要提升团队协作与沟通能力，需要从多个方面入手，包括个人层面的技能提升和团队层面的机制建设。以下是一些具体的提升策略。

增强自我意识：团队成员需要认识到自己在团队协作和沟通方面的不足，并愿意主动学习和改进。通过反思自己的行为和言语，不断调整自己的沟通方式和协作态度，以更好地适应团队的需求。

提升沟通技巧：沟通技巧是团队协作与沟通能力的核心。团队成员可以通过参加培训课程、阅读相关书籍或观看教学视频等方式学习沟通技巧，如倾听、表达、反馈等。同时，也可以在日常工作中不断实践和应用这些技巧，以提升自己的沟通能力。

建立信任关系：信任是团队协作的基础。团队成员之间需要相互信任、尊重和支持，才能形成良好的协作氛围。通过积极参与团队活动、分享经验和知识、互相帮助等方式，可以增进团队成员之间的了解和信任。

明确角色与责任：在团队协作中，每个成员都应该明确自己的角色和责任，以更好地发挥自己的优势并承担相应的工作。通过制定明确的任务分工和职责清单，可以减少工作中的冲突和误解，提高团队协作的效率。

鼓励开放与包容：团队成员应该保持开放的心态，尊重并接纳不同的观点和意见。通过鼓励团队成员提出自己的想法和建议，可以促进团队的创新和进步。同时，也需要包容他人的不足和错误，以建设性的方式给予反馈和帮助。

制定并执行团队规范：团队规范是团队协作的保障。通过制定明确的团队规范和行为准则，可以确保团队成员在协作过程中遵循相同的标准和原则。同时，也需要严格执行这些规范，对于违反规范的行为给予相应的处理和纠正。

（三）团队协作与沟通能力的实践应用

提升团队协作与沟通能力不仅需要在理论上进行学习和探讨，更需要在实践中进行应用和检验。以下是一些实践应用的建议：

在项目中实践团队协作：通过参与实际项目，将团队协作与沟通能力的理论知识应用于实践中。在项目中，可以积极承担任务、参与讨论、提出建议，与团队成员共同协作完成项目任务。

定期反思与总结：在团队协作过程中，定期进行反思和总结是非常重要的。通过回顾自己的表现和团队的协作过程，可以发现并改进存在的问题和不足。同时，也可以总结成功的经验和做法，为未来的团队协作提供参考。

寻求外部支持与反馈：在提升团队协作与沟通能力的过程中，可以寻求外部的支持和反馈。例如：可以请教经验丰富的同事或导师，参加专业培训或工作坊，或者邀请外部专家进行评估和指导。

团队协作与沟通能力的提升是一个持续不断的过程，需要个人和团队的共同努力。通过增强自我意识、提升沟通技巧、建立信任关系、明确角色与责任、鼓励开放与包容以及制定并执行团队规范等策略，可以有效提升团队协作与沟通能力。同时，在实践中不断应用这些策略并寻求外部支持与反馈，可以进一步巩固和提升团队协作与沟通能力的水平。在未来的工作中，我们应该注重团队协作与沟通能力的培养和应用，以更好地适应快速变化的社会环境并实现个人和组织的共同发展。

第四节　新闻采访与编辑团队的文化建设与凝聚力

一、团队文化的塑造与传承

团队文化是一个组织或团队在长期发展过程中形成的独特价值观、行为准则和精神风貌，是团队成员共同遵循的规范和信仰。一个优秀的团队文化不仅能够增强团队的凝聚力和向心力，还能够提升团队的创造力和竞争力，为团队的长远发展奠定坚实的基础。因此，塑造和传承团队文化是每个团队领导者和管理者的重要任务。

（一）团队文化的重要性

团队文化对于团队的运作和发展具有深远的影响。首先，团队文化能够激发团队成员的积极性和创造力，使他们更加投入地工作，为团队的目标贡献自己的力量。其次，团队文化能够增强团队的凝聚力和向心力，使团队成员形成紧密的合作关系，共同面对挑战和困难。最后，团队文化还能够提升团队的竞争力和影响力，使团队在激烈的市场竞争中脱颖而出，成为行业的佼佼者。

（二）团队文化的塑造

团队的核心价值观是团队文化的灵魂，是团队成员共同信守的价值观念和行为准则。因此，在塑造团队文化时，首先要明确团队的核心价值观，并将其贯穿于团队的日常运作和管理中。这些价值观应该具有针对性、可操作性和可持续性，能够引导团队成员树立正确的价值观和行为规范。

良好的沟通机制是塑造团队文化的重要保障。团队应该保持开放、坦诚、平等的沟通氛围，鼓励大家积极发表自己的意见和建议，共同解决问题。同时，领导者和管理者也应该注重与团队成员的沟通，了解他们的需求和想法，及时给予指导和支持。

积极的工作氛围能够激发团队成员的积极性和创造力，使他们在工作中更加投入和专注。因此，在塑造团队文化时，要注重营造积极的工作氛围，包括提供舒适的工作环境、制定合理的工作制度、鼓励团队成员之间的合作与分享等。

团队建设活动是塑造团队文化的重要途径。通过举办各种形式的团队建设活动，如户外拓展、主题讨论、文化沙龙等，可以增进团队成员之间的了解和信任，提升团队的凝聚力和向心力。同时，这些活动也能够让团队成员更加深入地了解团队的文化和价值观，从而更好地融入团队。

（三）团队文化的传承

领导者是团队文化的传承者和守护者，他们的言行举止对团队成员具有深远的影响。因此，领导者应该以身作则，积极践行团队的核心价值观和行为准则，为团队成员树立良好的榜样。同时，领导者还应该注重培养团队成员的文化自觉性和传承意识，引导他们自觉地维护和传承团队文化。

制度化保障是团队文化传承的重要保障。通过制定相关制度和规范，可以将团队文化的核心价值观和行为准则融入团队的日常运作和管理中，使其成为团队成员必须遵守的规范和标准。同时，制度化保障还能够确保团队文化的稳定性和持续性，防止因人员变动或其他因素导致团队文化的流失或变异。

定期回顾与总结是团队文化传承的重要手段。通过定期回顾团队的发展历程和文化变迁，可以总结团队文化的优点和不足，为未来的文化传承提供经验和借鉴。同时，回顾与总结还能够加深团队成员对团队文化的理解和认同，增强他们的归属感和忠诚度。

团队文化不是一成不变的，它需要随着时代的发展和团队的变化而不断创新和发展。因此，在传承团队文化的同时，也要注重创新和发展，不断吸收新的思想和理念，丰富团队文化的内涵和形式。通过创新与发展，可以使团队文化更加符合时代的需求和团队的特点，更加具有生命力和竞争力。

团队文化的塑造与传承是一个长期而复杂的过程，需要团队领导者和管理者的共同努力和持续投入。通过明确团队的核心价值观、建立良好的沟通机制、营造积极的工作氛围、强化团队建设活动等措施，可以塑造具有独特魅力和竞争力的团队文化。同时，通过领导者的示范作用、制度化保障、定期回顾与总结及创新与发展等手段，可以确保团队文化的传承和发展。只有这样，才能打造出真正具有凝聚力和向心力的优秀团队，为团队的长远发展奠定坚实的基础。

二、团队凝聚力的培养与提升

团队凝聚力是指团队成员之间形成的相互吸引、相互协作、相互支持的力量，是团队有效运作和取得成功的关键因素。一个具有强大凝聚力的团队能够激发团队成员的积极性和创造力，使他们在面对挑战和困难时能够紧密合作、共同奋斗，从而取得卓越的业绩。因此，培养与提升团队凝聚力是每个团队领导者和管理者的重要任务。

（一）团队凝聚力的重要性

团队凝聚力对于团队的运作和发展具有至关重要的意义。首先，凝聚力能够增强团队成员之间的信任和默契，使他们在工作中更加顺畅地沟通和协作，减少冲突和误解。其次，凝聚力能够激发团队成员的归属感和荣誉感，使他们更加愿意为团队的目标和利益付出努力。最后，凝聚力还能够提升团队的执行力和创新能力，使团队在面对复杂多变的市场环境时能够迅速做出反应，抓住机遇，实现快速发展。

（二）团队凝聚力的培养策略

共同目标是团队凝聚力的核心。一个明确的、具有挑战性的目标能够激发团队成员的斗志和热情，使他们心往一处想、劲儿往一处使。因此，团队领导者应该与团队成员共同制定目标，并确保目标具有可衡量性、可实现性和挑战性。同时，领导者还应该定期检查目标的完成情况，及时调整策略，确保团队始终朝着目标前进。

良好的沟通是团队凝聚力的基础。团队成员之间应该保持开放、坦诚、尊重的沟通氛围，及时分享信息、交流想法、解决问题。团队领导者应该鼓励团队成员积极参与沟通，倾听他们的意见和建议，给予积极的反馈和指导。此外，还可以通过定期召开团队会议、组织团建活动活动等方式增进团队成员之间的了解和信任。

积极的团队氛围能够激发团队成员的积极性和创造力，增强他们的归属感和凝聚力。团队领导者应该注重营造积极向上的氛围，鼓励团队成员相互支持、相互鼓励、相互学习。同时，还应该关注团队成员的个人成长和发展，为他们提供必要的培训和支持，帮助他们实现自我价值。

合理的激励机制能够激发团队成员的积极性和创造力，增强他们的工作满意度和忠诚度。团队领导者应该根据团队成员的贡献和表现给予相应的奖励和认可，如晋升、加薪、奖金等。同时，还应该关注团队成员的心理健康和福利待遇，为他们创造一个良好的工作环境和生活条件。

（三）团队凝聚力的提升途径

团队文化是团队凝聚力的灵魂。一个积极向上、富有特色的团队文化能够激发团队成员的归属感和自豪感，增强他们的凝聚力和向心力。因此，团队领导者应该注重团队文化的建设和传承，通过制定明确的价值观和行为准则、举办文化活动等方式塑造独特的团队文化。

团队协作训练是提升团队凝聚力的重要途径。通过团队协作训练，可以让团队成员更加深入地了解彼此的优势和不足，学会如何更好地协作和配合。同时，训练还可以提升团队成员的沟通能力和解决问题的能力，使他们更加适应团队工作的需要。

适当的竞争能够激发团队成员的斗志和潜力，提升团队的凝聚力和执行力。团队领导者可以在团队内部引入竞争机制，如设立绩效考核、开展技能竞赛等，让团队成员在竞争中相互学习、相互进步。同时，领导者还应该注重平衡竞争与合作的关系，避免因过度竞争而导致团队内部的分裂和冲突。

团队凝聚力的培养与提升是一个持续不断的过程，需要定期进行评估和调整。团队领导者应该定期对团队的凝聚力进行评估，了解团队成员之间的关系和合作情况，及时发现并解决问题。同时，还应该根据团队的发展阶段和市场环境的变化调整策略，确保团队始终保持强大的凝聚力。

团队凝聚力的培养与提升是团队建设和发展的关键环节。通过明确共同目标、建立良好的沟通机制、营造积极的团队氛围、制定合理的激励机制等措施，可以培养出具有强大凝聚力的团队。同时，通过强化团队文化建设、加强团队协作训练、引入竞争机制及定期评估与调整等途径，可以进一步提升团队的凝聚力。只有具备强大凝聚力的团队，才能在激烈的市场竞争中立于不败之地，实现持续发展和创新。

三、团队氛围的营造与优化

团队氛围是团队内部成员之间相互交流、协作和沟通时形成的一种特殊环境，它直接影响着团队成员的工作效率、积极性和创造力。一个积极、开放、融洽的团队氛围能够激发团队成员的潜能，提升团队的整体效能；而一个消极、封闭、紧张的氛围则可能导致团队成员之间的隔阂和冲突，影响团队的协作效率和成果。因此，营造和优化团队氛围是每个团队领导者和管理者的重要任务。

（一）团队氛围的重要性

团队氛围对于团队的运作和发展至关重要。首先，良好的团队氛围能够增强团队成员之间的信任感和归属感，使他们更加愿意为团队的目标和利益付出努力。其次，积极的团队氛围有助于激发团队成员的创新思维和创造力，推动团队不断向前发展。最后，良好的团队氛围还能够增强团队成员的工作满意度和幸福感，增强团队的凝聚力和向心力。

（二）团队氛围的营造策略

开放平等的沟通环境是营造积极团队氛围的基础。团队成员之间应该保持坦诚、尊重、信任的沟通态度，相互之间可以畅所欲言，分享想法和意见。领导者应该以身作则，倾听团队成员的声音，关注他们的需求和想法，及时给予反馈和指导。同时，还应该建立有效的沟通渠道和机制，确保信息在团队内部畅通无阻。

积极向上的团队文化是营造良好团队氛围的关键。团队领导者应该注重团队文化的建设，通过制定明确的价值观和行为准则，引导团队成员形成积极向上的工作态度和行为习惯。同时，还应该注重团队文化的传承和弘扬，通过举办文化活动、分享成功案例等方式，增强团队成员对团队文化的认同感和归属感。

明确的目标和期望能够为团队成员提供清晰的方向和动力，有助于营造积极的团队氛围。团队领导者应该与团队成员共同制定明确、可衡量的目标，并明确每个人在团队中的角色和职责。同时，还应该定期检查和评估目标的完成情况，及时调整策略和计划，确保团队始终朝着目标前进。

团队建设活动是营造和优化团队氛围的有效途径。通过举办各种形式的团队建设活动，如户外拓展、团队游戏、聚餐等，可以增进团队成员之间的了解和信任，加强彼此之间的合作和协作能力。同时，这些活动还能够让团队成员在轻松愉快的氛围中释放压力，缓解工作疲劳，增强团队的凝聚力和向心力。

（三）团队氛围的优化措施

团队冲突是团队运作中不可避免的问题，但如果处理不当，会对团队氛围造成负面影响。团队领导者应该具备解决冲突的能力和技巧，及时发现并妥善处理团队内部的矛盾和冲突。在处理冲突时，应该保持公正、客观的态度，倾听双方的意见和诉求，寻求双方都能接受的解决方案。

团队成员在工作中可能会遇到各种困难和挑战，如果得不到及时的支持和资源，可能会影响他们的积极性和工作效率。团队领导者应该关注团队成员的工作进展和困难，及时提供必要的支持和资源，帮助他们解决问题、克服困难。同时，团队领导者还应该为团队成员提供培训和发展机会，提升他们的专业技能和综合素质。

参与决策是团队成员实现自我价值的重要途径，也是营造积极团队氛围的有效手段。团队领导者应该鼓励团队成员积极参与决策过程，充分发挥他们的智慧和创造力。在决策时，应该充分考虑团队成员的意见和建议，确保决策的科学性和合理性。

认可和奖励优秀表现是激励团队成员积极向上的重要方式。团队领导者应该及时认可和奖励团队成员的优秀表现，给予他们适当的荣誉和物质激励。这不仅能够激发团队成员的积极性和创造力，还能够增强他们对团队的归属感和忠诚度。

团队氛围的营造与优化是一个持续不断的过程，需要团队领导者和管理者的长期努力和关注。通过建立开放平等的沟通环境、培养积极向上的团队文化、设立明确的目标和期望以及举办团队建设活动等措施，可以营造出积极的团队氛围。同时，通过及时解决团队冲突、提供必要的支持和资源、鼓励团队成员参与决策以及认可并奖励优秀表现等优化措施，可以进一步提升团队氛围的质量和效果。只有不断优化团队氛围，才能激发团队成员的潜能和创造力，推动团队的持续发展和创新。

四、团队精神的激发与弘扬

在当今竞争日益激烈的市场环境中，团队精神已经成为组织成功的关键因素之一。团队精神是团队成员之间相互协作、相互支持、共同追求目标的一种精神状态，它不仅能够提升团队的凝聚力和战斗力，还能够促进团队成员的个人成长和发展。因此，激发和弘扬团队精神是每个团队领导者和管理者的重要任务。

（一）团队精神的重要性

团队精神是团队内部成员之间形成的相互协作、相互支持的精神纽带，它能够推动团队成员共同追求目标，实现团队的整体发展。具体来说，团队精神的重要性体现在以下几个方面：

首先，团队精神有助于增强团队的凝聚力和战斗力。当团队成员之间形成共同的价值观和目标时，他们会更加紧密地团结在一起，形成一股强大的力量，共同应对外部的挑战和困难。

其次，团队精神能够促进团队成员的个人成长和发展。在团队精神的影响下，团队成员会更加积极地参与团队活动，与他人交流合作，不断提升自己的能力和素质。

最后，团队精神有助于提高团队的创新能力和应变能力。在团队精神的推动下，团队成员敢于尝试新的思路和方法，勇于面对变化和挑战，从而推动团队不断创新和进步。

（二）激发团队精神的策略

共同目标是激发团队精神的核心。一个明确的、具有挑战性的目标能够激发团队成员的斗志和热情，使他们心往一处想、劲儿往一处使。团队领导者应该与团队成员共同制定目标，并确保目标具有可衡量性、可实现性和挑战性。同时，领导者还应该定期检查目标的完成情况，及时调整策略，确保团队始终朝着目标前进。

信任是团队精神的基础。团队成员之间应该建立相互信任的关系，相互尊重、相互支持。团队领导者应该以身作则，树立良好的榜样，同时鼓励团队成员坦诚交流、分享想法和意见。通过建立良好的沟通机制和氛围，增强团队成员之间的信任感。

参与和协作是激发团队精神的重要途径。团队领导者应该鼓励团队成员积极参与团队活动，发挥自己的特长和优势，为团队的发展贡献力量。同时，还应该注重团队成员之间的协作配合，通过分工合作、优势互补等方式提升团队的整体效能。

团队成员在追求目标的过程中可能会遇到各种困难和挑战，如果得不到及时的支持和必要的资源，可能会打击他们的积极性。团队领导者应该关注团队成员的需求和困难，及时提供必要的支持和资源，帮助他们克服困难、实现目标。同时，团队领导者还应该为团队成员提供培训和发展机会，提升他们的专业技能和综合素质。

（三）弘扬团队精神的途径

榜样是弘扬团队精神的重要力量。团队领导者应该以身作则，展现出积极向上、团结协作的精神风貌，成为团队成员学习的榜样。同时，团队领导者还应该及时发现和表彰团队中的优秀个人和集体，通过树立榜样来激发团队成员的荣誉感和归属感。

团队文化活动是弘扬团队精神的有效途径。通过举办各种形式的团队文化活动，如团队拓展训练、团队竞赛、团队聚餐等，可以加强团队成员之间的交流和了解，增进彼此之间的友谊和信任。同时，这些活动还能够让团队成员在轻松愉快的氛围中感受到团队的力量和温暖。

　　积极氛围是弘扬团队精神的重要保障。团队领导者应该注重营造积极向上的氛围，鼓励团队成员保持乐观向上的心态，勇于面对挑战和困难。同时，团队领导者还应该关注团队成员的心理状态，及时给予关心和帮助，缓解他们的压力和疲劳。

　　团队认同感是弘扬团队精神的关键。团队领导者应该注重培养团队成员对团队的认同感和归属感，让他们感受到自己是团队中不可或缺的一员。通过强调团队的价值和意义，激发团队成员的责任感和使命感，使他们更加积极地为团队的发展贡献力量。

　　激发和弘扬团队精神是团队建设和发展的关键环节。通过明确共同目标、建立信任关系、鼓励参与和协作以及提供支持和资源等策略，可以激发团队成员的积极性和创造力，形成强大的团队精神。同时，通过树立榜样力量、开展团队文化活动、营造积极氛围以及强化团队认同感等途径，可以进一步弘扬团队精神，提升团队的整体效能和竞争力。只有不断激发和弘扬团队精神，才能使团队在激烈的市场竞争中立于不败之地，实现持续发展和创新。

第七章　新媒体时代的新闻采访与编辑趋势

第一节　人工智能与新闻采访编辑的未来

一、人工智能在新闻采访中的应用前景

随着科技的飞速发展，人工智能（AI）已经逐渐渗透各个领域，新闻行业也不例外。新闻采访作为新闻生产的核心环节，其质量和效率直接关系到新闻内容的准确性和传播效果。因此，探讨人工智能在新闻采访中的应用前景，对于推动新闻行业的创新与发展具有重要意义。

（一）人工智能在新闻采访中的应用现状

目前，人工智能在新闻采访中的应用主要体现在以下几个方面：

通过大数据技术和机器学习算法，人工智能能够对海量数据进行挖掘和分析，为新闻记者提供有价值的线索和背景信息。例如：通过分析社交媒体上的用户评论和互动数据，可以发现公众关注的热点话题和舆论趋势，为新闻采访提供方向。一些人工智能系统已经具备初步的自动化采访能力，能够通过自然语言处理技术实现与受访者的智能对话。这些系统可以根据预设的问题和规则，自动生成采访提纲，并在采访过程中进行实时调整和优化。虽然目前这种自动化采访的应用范围还相对有限，但随着技术的不断进步，其应用前景值得期待。

人工智能的语音转文字技术可以将采访过程中的语音内容实时转换为文字，提高采访记录的效率。同时，实时翻译功能可以帮助记者克服语言障碍，实现跨语言采访。这对于拓宽新闻来源、增强国际传播能力具有重要意义。

（二）人工智能在新闻采访中的潜在应用前景

通过深度学习和自然语言处理技术，人工智能可以分析新闻报道的历史数据和受众反馈，智能推荐与当前报道主题相关的采访对象。这有助于记者更精准地定位

采访目标，提高采访的针对性和有效性。人工智能可以根据受访者的个人信息、兴趣爱好、职业背景等因素，为记者提供个性化的采访策略建议。例如：针对不同性格特点的受访者，人工智能可以推荐不同的沟通方式和提问技巧，以提高采访的质量和效率。

通过对采访过程中的语音、文字等信息进行情感分析，人工智能可以帮助记者更准确地把握受访者的情绪变化和态度倾向。同时，结合舆情监测功能，人工智能可以实时监测和分析公众对新闻报道的反馈和评论，为记者提供及时的舆情报告和建议。

随着虚拟现实和增强现实技术的发展，人工智能可以将这些技术与新闻采访相结合，为受众提供更丰富、更真实的采访体验。例如：通过VR技术，受众可以身临其境般参与采访过程，感受现场的氛围和细节；通过AR技术，可以在采访画面中添加虚拟元素，增强视觉冲击力和传播效果。

二、人工智能在新闻编辑中的创新实践

随着科技的飞速进步，人工智能正日益融入各行各业，新闻编辑领域亦不例外。人工智能以其强大的数据处理、分析能力和自动化特性，为新闻编辑带来了前所未有的变革与创新。

（一）人工智能在新闻编辑中的创新应用

在新闻选题阶段，人工智能能够通过数据挖掘技术，从海量信息中筛选出有价值的新闻线索。通过对社交媒体、新闻网站、行业数据库等多种来源的数据进行抓取、分析和整合，人工智能能够帮助编辑人员快速发现热点话题、趋势和潜在新闻点。这不仅提高了新闻选题的时效性和准确性，还大大减轻了编辑人员的工作负担。

人工智能在新闻内容自动生成方面取得了显著进展。基于自然语言处理（NLP）和机器学习技术，人工智能能够分析新闻的结构、语义和风格，自动生成符合规范的新闻报道。这种自动生成新闻的方式不仅提高了新闻报道的效率，还能够在一定程度上解决新闻时效性和准确性的问题。

在新闻编辑和校对阶段，人工智能同样发挥了重要作用。智能化编辑系统能够自动检测文本中的语法错误、拼写错误和逻辑错误，并提供修改建议。这种智能化编辑方式不仅提高了新闻稿件的质量，还减少了人为错误的出现。同时，人工智能还能够根据新闻的主题和风格，自动调整文本的语气、措辞和排版，使新闻更加符合读者的阅读习惯和审美需求。

除上述创新应用外，人工智能还能够根据用户的兴趣、行为和反馈，实现个性

化的新闻推送。通过对用户的浏览历史、点击行为、评论和分享等信息进行分析，人工智能能够精准地把握用户的新闻需求和偏好，为其推送符合其兴趣的新闻内容。这种个性化推送方式不仅增强了用户体验，还有助于增强用户对新闻媒体的黏性和忠诚度。

（二）人工智能在新闻编辑中的创新价值

人工智能的应用极大地提高了新闻编辑的效率。传统的新闻编辑过程需要投入大量的人力和时间，而人工智能可以自动完成许多烦琐的任务，如数据收集、内容生成和校对等，从而释放编辑人员的时间和精力，让他们有更多时间去关注新闻的深度和广度。

人工智能的智能化编辑和校对功能有助于提升新闻的质量。通过对文本进行语法、拼写和逻辑等方面的自动检测，人工智能能够减少人为错误的出现，使新闻更加准确、客观和清晰。同时，人工智能还能够根据新闻的主题和风格进行自动调整，使新闻更加符合读者的阅读习惯和审美需求。

个性化新闻推送是人工智能在新闻编辑中的又一创新价值。通过对用户的兴趣和需求进行分析，人工智能能够为用户提供符合其偏好的新闻内容，从而提高用户的满意度和黏性。这种个性化推送方式不仅满足了用户的个性化需求，还有助于增强用户对新闻媒体的信任和认可。

（三）人工智能在新闻编辑中的未来发展趋势

随着深度学习技术的不断发展，人工智能在新闻编辑中的应用将更加智能化和自动化。未来，人工智能将能够更深入地理解新闻内容和语境，实现更精准的新闻报道和编辑。同时，自动化程度也将进一步提高，包括自动分类、自动摘要、自动推荐等功能将更加完善和智能。

未来的新闻编辑将不再局限于单一的文本形式，而是向多模态方向发展。人工智能将能够处理和分析图片、视频、音频等多种媒体形式的信息，实现多模态新闻的自动生成和编辑。这将使新闻报道更加生动、直观和有趣，增强读者的阅读体验和满意度。

尽管人工智能在新闻编辑中取得了显著进展，但人机协同仍然是未来发展的重要趋势。编辑人员需要充分利用人工智能的优势，与其进行深度合作和共创，共同推动新闻编辑的创新与发展。同时，编辑人员也需要不断提升自身的专业素养和创新能力，以适应人工智能带来的变革和挑战。

人工智能在新闻编辑中的创新实践给新闻行业带来了革命性的变革。通过数据挖掘、内容自动生成、智能化编辑与校对及个性化推送等创新应用，人工智能不仅提高了新闻编辑的效率和质量,还满足了用户的个性化需求,增强了用户体验。未来,随着深度学习技术的发展和多模态新闻编辑的兴起,人工智能在新闻编辑中的应用将更加广泛和深入。然而,我们也应认识到人机协同的重要性,充分发挥人工智能和编辑人员的各自优势,共同推动新闻编辑的创新与发展。

第二节　大数据在新闻采访与编辑中的应用

一、大数据在新闻选题策划中的作用

随着信息技术的飞速发展,大数据已经成为各行各业不可或缺的重要资源。在新闻行业,大数据的应用也日渐广泛,尤其在新闻选题策划中发挥着举足轻重的作用。

(一)大数据在新闻选题策划中的应用现状

近年来,随着大数据技术的不断进步,新闻行业逐渐意识到大数据在选题策划中的潜力与价值。目前,大数据在新闻选题策划中的应用主要体现在以下几个方面:

数据挖掘与分析:新闻机构通过收集和分析社交媒体、新闻网站、行业数据库等多种来源的数据,挖掘出潜在的新闻线索和热点话题。通过对数据的深度分析,新闻机构能够发现趋势、预测事件,为选题策划提供有力支持。

用户行为分析:大数据可以帮助新闻机构分析用户的阅读习惯、兴趣偏好等信息,从而精准定位目标受众群体。基于用户行为分析的结果,新闻机构可以制订更符合受众需求的选题策划方案,提高新闻报道的针对性和传播效果。

内容关联性分析:通过大数据分析,新闻机构可以找出不同新闻事件之间的关联性,挖掘出更深层次的新闻价值。这种关联性分析有助于新闻机构在选题策划时形成更加全面、深入的报道视角,提升新闻报道的质量和影响力。

(二)大数据在新闻选题策划中的优势

大数据在新闻选题策划中的应用带来了诸多优势,具体表现在以下几个方面:

提高选题效率:通过大数据分析,新闻机构能够快速识别出热点话题和潜在新闻线索,减少选题过程中的盲目性和随意性。这有助于提高选题效率,使新闻报道更加迅速、准确。

增强选题针对性:大数据可以帮助新闻机构精准定位目标受众群体,了解他们的需求和兴趣。基于这些信息,新闻机构可以制订更具针对性的选题策划方案,提高新闻报道的吸引力和传播效果。

拓展报道视角：通过大数据分析，新闻机构可以发现不同新闻事件之间的关联性，挖掘出更深层次的新闻价值。这有助于新闻机构在选题策划时形成更加全面、深入的报道视角，提高新闻报道的质量和深度。

预测新闻趋势：大数据可以分析历史数据和当前趋势，预测未来可能发生的新闻事件。这种预测能力使新闻机构能够提前布局，把握先机，制订更具前瞻性的选题策划方案。

（三）大数据在新闻选题策划中的未来发展

随着大数据技术的不断发展和完善，其在新闻选题策划中的应用将更加广泛和深入。未来，大数据在新闻选题策划中的发展将呈现以下趋势：

智能化选题策划：通过机器学习和人工智能等技术，实现新闻选题的自动化和智能化。新闻机构可以利用这些技术构建智能选题系统，自动挖掘和分析新闻线索，为编辑人员提供精准的选题建议。

个性化内容推荐：基于大数据的用户行为分析，新闻机构可以为读者提供个性化的内容推荐服务。通过分析读者的阅读习惯、兴趣偏好等信息，为他们推送符合其需求的新闻报道，增强用户体验和满意度。

跨媒体融合报道：大数据可以帮助新闻机构实现跨媒体融合报道，将文字、图片、视频等多种形式的内容进行有效整合和呈现。这种融合报道方式有助于提升新闻报道的丰富性和生动性，吸引更多读者的关注。

数据可视化呈现：通过数据可视化技术，将大数据分析结果以直观、易懂的方式呈现出来，帮助读者更好地了解新闻事件和趋势。这种呈现方式有助于提高新闻报道的可读性和传播效果。

大数据在新闻选题策划中发挥着越来越重要的作用，它提高了选题效率、增强了选题针对性、拓展了报道视角并预测了新闻趋势。同时也面临着数据质量、数据安全与隐私保护以及技术与人才等方面的挑战。未来，随着大数据技术的进一步发展和完善，其在新闻选题策划中的应用将更加广泛和深入，为新闻行业带来更大的创新和发展机遇。

二、大数据在新闻内容分析中的应用

随着信息技术的飞速发展，大数据已经渗透各行各业，对传统的业务流程和决策模式产生了深远的影响。在新闻领域，大数据的应用也日益广泛，特别是在新闻内容分析方面，大数据发挥着越来越重要的作用。

（一）大数据在新闻内容分析中的应用概述

新闻内容分析是对新闻报道进行深度解读和评估的过程，它涉及对新闻主题、情感倾向、传播效果等多个方面的分析。大数据技术的应用为新闻内容分析提供了更为全面、深入的数据支持，使得分析结果更加准确、客观。

具体而言，大数据在新闻内容分析中的应用主要体现在以下几个方面：

新闻主题挖掘：通过对大量新闻文本进行数据挖掘和分析，可以识别出新闻报道中的主题和关键词，进而揭示出新闻事件的核心内容和主要观点。

情感倾向分析：借助自然语言处理技术和情感分析算法，可以对新闻报道中的情感倾向进行量化评估，从而了解公众对某一事件或话题的态度和看法。

传播效果评估：通过对新闻报道的传播路径、受众反馈等数据进行分析，可以评估新闻报道的传播效果和影响力，为新闻机构提供决策支持。

（二）大数据在新闻内容分析中的优势

大数据在新闻内容分析中的诸多优势，具体表现在以下几个方面：

提高分析效率：传统的新闻内容分析往往依赖于人工阅读和判断，效率低下且容易出错。而大数据技术的应用可以实现自动化、批量化的处理和分析，大大提高了分析效率。

增强分析深度：大数据可以挖掘出新闻报道中的深层次信息和关联，揭示出隐藏在数据背后的规律和趋势。这使新闻内容分析更加深入、全面，有助于发现新闻事件的内在逻辑和本质特征。

提高分析准确性：基于大数据的分析结果更加客观、准确，能够避免人为因素的干扰和偏见。这使分析结果更加可信，有助于提升新闻报道的质量和影响力。

（三）大数据在新闻内容分析中的未来发展趋势

随着大数据技术的不断发展和完善，其在新闻内容分析中的应用将更加广泛和深入。未来，大数据在新闻内容分析中的发展将呈现以下趋势：

实时动态分析：随着实时数据流的不断涌现，大数据将能够实现对新闻内容的实时动态分析。这将有助于新闻机构及时捕捉新闻事件的最新动态和趋势，提高新闻报道的时效性和准确性。

个性化内容推荐：基于大数据的用户画像和行为分析，新闻机构可以为读者提供个性化的内容推荐服务。这将有助于增强用户体验和满意度，增强新闻机构的用户黏性和市场竞争力。

跨媒体内容分析：随着媒体融合的不断发展，新闻内容将呈现出更加多样化的形式。大数据将能够实现对文字、图片、视频等多种形式的新闻内容进行综合分析和评估，为新闻机构提供更为全面、深入的报道视角。

智能化决策支持：大数据分析结果将为新闻机构的决策提供有力支持。通过对新闻内容的深度分析和挖掘，新闻机构可以更加准确地把握市场动态和受众需求，制定更为科学合理的报道策略和发展规划。

大数据在新闻内容分析中的应用为新闻机构提供了更为全面、深入的数据支持和分析手段，使得新闻内容分析更加准确、客观。然而，大数据在实际应用过程中也面临着数据质量、技术瓶颈和隐私伦理等挑战。未来，随着大数据技术的不断发展和完善，其在新闻内容分析中的应用将更加广泛和深入，为新闻行业带来更大的创新和发展机遇。同时，新闻机构也需要加强技术研发和人才培养，不断提升大数据应用的能力和水平，以更好地应对挑战和把握机遇。

三、大数据在新闻效果评估中的价值

随着信息技术的快速发展，大数据已经成为推动各行各业变革的重要力量。在新闻领域，大数据不仅改变了新闻生产的方式，更在新闻效果评估中发挥了至关重要的作用。

（一）大数据在新闻效果评估中的应用概述

新闻效果评估是对新闻报道传播效果进行量化分析和评价的过程，它有助于新闻机构了解新闻报道的受众接受程度、传播范围及社会影响力。传统的新闻效果评估方法往往依赖于问卷调查、收视率等有限的数据来源，难以全面反映新闻报道的实际效果。而大数据技术的应用，为新闻效果评估提供了更加全面、精准的数据支持。

通过收集和分析新闻报道在各类媒体平台上的传播数据，包括阅读量、点赞量、评论量、转发量等，大数据可以揭示新闻报道的传播路径、受众分布及互动情况。同时，结合用户行为数据、社交媒体数据等，大数据还可以进一步分析受众对新闻报道的情感态度、认知程度及行为意向，从而全面评估新闻报道的效果。

（二）大数据在新闻效果评估中的价值体现

大数据通过收集和分析海量的数据，能够对新闻效果进行精准量化的评估。通过对比不同新闻报道的数据指标，可以清晰地看出哪些报道受到了广泛关注、哪些报道的传播效果不佳。这种量化评估方式不仅提高了评估的准确性，还为新闻机构提供了更加客观的决策依据。

大数据能够深入分析受众的行为数据和情感倾向，从而揭示出受众对新闻报道的需求和偏好。新闻机构可以根据这些数据调整报道内容、风格和形式，更好地满足受众的需求，提升新闻报道的吸引力和传播效果。

通过对新闻报道的传播数据进行挖掘和分析，大数据可以帮助新闻机构了解报道的传播路径和受众分布，发现潜在的传播渠道和受众群体。基于这些数据，新闻机构可以制定更加精准的传播策略，提高新闻报道的覆盖率和影响力。

大数据的分析结果可以为新闻机构提供反馈，指导其在选题策划、内容制作等方面进行优化。通过对受众喜好和阅读习惯的深度挖掘，新闻机构可以创作出更符合受众需求的报道内容，提升新闻质量。同时，大数据还可以帮助新闻机构发现新的报道角度和切入点，推动新闻报道的创新发展。

基于大数据的分析和预测能力，新闻机构可以洞察新闻行业的发展趋势和未来走向。通过对历史数据的分析，可以预测某一类型报道的受众接受程度和市场前景；通过对实时数据的监控，可以及时发现新闻热点和舆论动向，为新闻报道提供及时、准确的信息支持。

第三节　新闻采访与编辑的跨界融合与创新

一、新闻采编与其他领域的跨界合作

随着信息技术的飞速发展，新闻行业正面临着前所未有的变革。传统的新闻采编模式已经难以满足现代社会的多元化需求，跨界合作成为新闻行业创新发展的重要途径。新闻采编与其他领域的跨界合作，不仅有助于提升新闻报道的质量和影响力，还能够促进相关领域的共同发展和进步。

（一）新闻采编与其他领域跨界合作的意义

新闻采编与其他领域的跨界合作，可以引入更多专业的知识和技术，丰富新闻报道的内容和形式。通过与科技、文化、经济等领域的合作，新闻机构可以获取更加全面、深入的信息资源，提升新闻报道的准确性和权威性。同时，跨界合作还可以促进新闻报道的创新，使报道更加生动、有趣，吸引更多读者的关注。

跨界合作有助于新闻机构拓展传播渠道，提高新闻报道的覆盖率和影响力。通过与社交媒体、视频网站等平台的合作，新闻机构可以将报道内容推送给更广泛的受众群体，实现信息的快速传播。此外，跨界合作还可以加强新闻机构与其他媒体之间的联动，形成合力，共同推动社会舆论的发展。

新闻采编与其他领域的跨界合作，有助于推动相关领域的共同发展和进步。通过与科技领域的合作，新闻机构可以关注科技创新成果，推动科技成果的普及和应用；通过与文化领域的合作，新闻机构可以挖掘文化内涵，传承和弘扬中华优秀传统文化；通过与经济领域的合作，新闻机构可以关注经济发展动态，为经济发展提供舆论支持。

（二）新闻采编与其他领域跨界合作的实践案例

近年来，新闻与科技领域的跨界合作日益紧密。许多新闻机构利用大数据、人工智能等技术手段，对新闻数据进行挖掘和分析，提高新闻报道的精准度和时效性。同时，新闻机构还积极与科技公司合作，开发新闻客户端、智能音箱等新型传播平台，为受众提供更加便捷、高效的新闻服务。

新闻与文化领域的跨界合作也取得了显著成果。一些新闻机构通过与博物馆、图书馆等文化机构合作，推出了一系列文化类新闻报道和专题栏目，深入挖掘文化内涵，传承和弘扬中华优秀传统文化。这种跨界合作不仅丰富了新闻报道的内容，还提高了受众的文化素养和审美水平。

新闻与经济领域的跨界合作同样具有重要意义。新闻机构通过关注经济发展动态、解读经济政策等方式，为受众提供及时、准确的经济信息。同时，新闻机构还积极与企业合作，开展商业报道、品牌宣传等业务，为企业发展提供舆论支持和品牌推广服务。

二、新闻采编形式的创新与多元化发展

随着信息技术的飞速发展，新闻行业正经历着前所未有的变革。新闻采编作为新闻生产的核心环节，其形式的创新与多元化发展已成为推动新闻事业进步的重要动力。

（一）新闻采编形式的创新

数字化技术的广泛应用为新闻采编形式的创新提供了有力支持。新闻机构通过采用先进的数字化技术，如大数据、人工智能等，实现对新闻信息的快速获取、处理和分析。同时，数字化技术还使得新闻报道的形式更加多样，如通过虚拟现实技术还原新闻现场，通过增强现实技术提供互动式的新闻体验等。

传统的新闻采编形式往往忽视了用户的参与和互动，而现代新闻采编则更加注重用户的参与和反馈。新闻机构通过社交媒体、在线调查等方式，鼓励用户参与新闻的生产和传播过程，从而增强新闻报道的互动性和时效性。同时，用户参与度的提升也有助于新闻机构更好地了解受众需求，优化新闻报道的内容和形式。

随着媒体融合的深入推进，新闻采编形式也逐渐实现了跨媒体融合。新闻机构

通过整合报纸、电视、广播、网络等多种媒体资源，实现新闻信息的共享和优化配置。跨媒体融合不仅提高了新闻传播的效率和覆盖面，还为新闻采编形式的创新提供了更多可能性。

（二）新闻采编多元化发展的表现

随着社会的快速发展和受众需求的多样化，新闻采编的报道内容也日益丰富多元。除传统的时政、经济、社会等领域外，新闻机构还关注文化、教育、科技、体育等多个领域，为受众提供全方位的新闻报道。同时，新闻机构还注重报道的深度和广度，深入挖掘新闻事件的背景和内涵，提供更具深度和广度的新闻报道。

随着新媒体的崛起和传统媒体的转型升级，新闻采编的传播渠道也日益多元化。新闻机构通过报纸、电视、广播等传统媒体以及网站、微博、微信等新媒体平台，实现新闻信息的多渠道传播。传播渠道的多元化不仅提高和扩大了新闻传播的效率和覆盖面，还为受众提供了更多选择和便利。

新闻采编的多元化发展还表现在合作方式的创新上。新闻机构积极与其他媒体、企业、机构等开展合作，共同推动新闻报道的深入和拓展。例如：新闻机构可以与科技公司合作开发新闻报道的新技术，与文化机构合作推出文化类新闻报道，与企业合作开展商业报道等。这种多元化的合作方式有助于新闻机构获取更多资源和支持，提升新闻报道的质量和影响力。

第四节 新闻采访与编辑在社交媒体上的新动向

一、社交媒体在新闻传播中的新趋势

随着信息技术的飞速发展和智能手机的普及，社交媒体已成为人们日常生活中不可或缺的一部分。在新闻传播领域，社交媒体也展现出了其强大的影响力和潜力。

（一）新闻传播的即时性与实时互动

传统的新闻传播往往受到时间、空间的限制，而社交媒体的出现打破了这些限制，使得新闻传播更加即时、迅速。通过社交媒体平台，新闻机构可以迅速发布新闻内容，而受众则可以在第一时间获取到最新信息。同时，社交媒体的实时互动功能也极大地增强了新闻的参与感和传播效果。受众可以通过点赞、评论、分享等方式参与到新闻的讨论中，与新闻发布者和其他受众进行实时互动，从而进一步扩大了新闻的传播范围。

（二）新闻内容的个性化与定制化

在社交媒体时代，受众对新闻内容的需求更加多元化和个性化。社交媒体平台通过大数据分析、人工智能等技术手段，可以精准地把握受众的兴趣和需求，为受众提供个性化的新闻内容推荐。同时，新闻机构也可以根据受众的反馈和需求，定制化地生产新闻内容，以满足不同受众群体的需求。这种个性化、定制化的新闻传播方式不仅增强了受众的满意度和黏性，也增强了新闻的传播效果。

（三）新闻形式的多媒体化与可视化

社交媒体平台支持文字、图片、视频、音频等多种形式的内容发布和传播。这使得新闻机构在新闻传播中可以充分利用各种媒体形式，以更加生动、直观的方式呈现新闻内容。同时，随着短视频、直播等新媒体形式的兴起，新闻机构也可以借助这些形式，将新闻现场实时呈现给受众，让受众更加直观地了解新闻事件的进展和背景。这种多媒体化、可视化的新闻传播方式不仅提高了新闻的吸引力和传播效果，也增强了受众的参与感和体验感。

（四）新闻传播的社交化与圈子化

社交媒体平台具有强大的社交属性，使得新闻传播不再是单向的信息传递，而是成为一种社交化的互动过程。在社交媒体上，受众可以通过关注、转发、评论等方式参与到新闻的传播中，形成一个个以兴趣、话题等为基础的社交圈子。这些社交圈子不仅为受众提供了更加便捷的获取新闻信息的渠道，也为新闻机构提供了更加精准的受众定位和营销策略。通过深入了解和把握这些社交圈子的特点和需求，新闻机构可以更加精准地推送新闻内容，提高新闻的传播效果和影响力。

二、新闻采访与编辑在社交媒体上的策略调整

随着社交媒体的崛起，新闻传播的方式和格局发生了深刻的变化。新闻采访与编辑作为新闻传播的核心环节，也需要适应这一变化，进行策略上的调整。

（一）新闻采访在社交媒体上的策略调整

传统的新闻采访往往依赖于面对面的交谈或电话采访，而在社交媒体时代，我们可以利用各种社交平台进行在线采访。通过视频通话、直播互动、文字聊天等方式，记者可以更加灵活地与受访者进行沟通，打破地域限制，提高采访效率。同时，社交媒体上的用户生成内容也为采访提供了丰富的素材，记者可以通过筛选和整合这些信息，获取更加全面、深入的报道材料。

社交媒体是舆论的聚集地,热点话题和舆论动态往往在这里率先爆发。因此,新闻采访需要密切关注社交媒体上的热点话题和舆论动态,及时调整采访方向和重点。通过关注热门话题标签、关键意见领袖的发言以及用户评论等,记者可以迅速捕捉到社会热点和民意动向,为新闻报道提供有力的支撑。

社交媒体具有高度的互动性和参与性,新闻采访也应充分利用这一特点,加强与受众的互动与沟通。记者可以通过发起话题讨论、征集报道线索、开展在线调查等方式,吸引受众参与采访过程,提高新闻报道的参与度和影响力。同时,通过与受众的互动,记者还可以更好地了解受众的需求和反馈,为新闻报道的改进和优化提供依据。

(二)新闻编辑在社交媒体上的策略调整

在社交媒体时代,人们的阅读习惯逐渐趋向碎片化。因此,新闻编辑需要适应这一趋势,将长篇大论的报道拆分成短小精悍的段落或图文组合,以便受众在碎片化的时间里进行阅读。同时,编辑还需要注重标题和摘要的撰写,以吸引受众的注意力,提高新闻的点击率和传播效果。

社交媒体的个性化推荐算法使得每个用户接收到的信息都是独一无二的。因此,新闻编辑需要针对不同受众群体的兴趣和需求,进行个性化的内容推荐和定制化的编辑处理。通过大数据分析用户行为和偏好,编辑可以精准地把握受众需求,为不同用户群体提供符合其兴趣和需求的新闻内容。

在社交媒体上,视觉元素往往比文字更容易吸引受众的注意。因此,新闻编辑需要注重提升视觉呈现效果,通过优化图片、视频等视觉元素的质量和排版,增强新闻的吸引力和可读性。同时,编辑还需要充分利用多媒体融合的优势,将文字、图片、视频等多种形式的内容有机结合,创造出更加丰富多样的新闻呈现方式。

社交媒体为新闻编辑提供了与受众直接互动的机会。编辑可以通过评论回复、私信交流等方式,与受众建立直接的联系和沟通渠道,了解受众对新闻报道的看法和意见。同时,编辑还可以通过社交媒体平台收集和分析用户反馈数据,为新闻报道的改进和优化提供有力的支持。

三、新闻采访与编辑在社交媒体上的互动创新

随着社交媒体的迅速崛起,新闻行业正面临着前所未有的挑战与机遇。新闻采访与编辑作为新闻制作的核心环节,在社交媒体平台上进行互动创新,不仅可以提升新闻报道的质量和影响力,还能更好地满足受众的需求。

（一）新闻采访在社交媒体上的互动创新

传统的新闻采访往往采用面对面的形式，受到时间和空间的限制。而在社交媒体时代，记者可以通过直播、在线聊天等方式与受访者进行实时互动，打破传统采访模式的界限。这种互动采访模式不仅可以让记者更加深入地了解受访者的观点和想法，还能让受众更加直观地了解采访过程，增强新闻的参与感和可信度。

社交媒体平台上的用户生成内容丰富多彩，可以为新闻采访提供丰富的素材和灵感。记者可以通过社交媒体平台发起话题讨论、征集采访线索等方式，吸引受众参与采访过程，提供第一手资料和观点。这种受众参与的方式不仅可以丰富采访内容，还能让新闻报道更加贴近受众的需求和兴趣。

社交媒体平台众多，各具特色。新闻采访可以充分利用不同平台的优势，进行跨平台合作。记者可以与微博大V、抖音红人等进行合作，邀请他们分享自己的见解和经历；也可以与其他新闻机构或自媒体进行联合采访，共享资源和信息。这种跨平台合作有助于拓宽采访视野，获取更多独家、深入的新闻素材。

（二）新闻编辑在社交媒体上的互动创新

在社交媒体时代，受众的需求和兴趣更加多样化。新闻编辑需要更加注重个性化编辑，根据受众的特点和喜好进行内容筛选和呈现。通过深入分析社交媒体平台上的用户数据，编辑可以了解受众的兴趣点、阅读习惯等信息，从而为他们提供定制化的新闻内容。这种个性化编辑不仅可以提高新闻报道的针对性和可读性，还能增强受众的黏性和忠诚度。

社交媒体平台支持文字、图片、视频等多种形式的内容呈现。新闻编辑可以充分利用这一特点，将多媒体元素有机结合，创造出更加丰富多样的新闻呈现形式。例如：可以制作图文结合的新闻报道，通过生动的图片和简洁的文字来传达信息；也可以制作短视频或直播节目，通过直观的画面和声音来展现新闻现场。这种多媒体融合有助于增强新闻的吸引力和传播效果。

社交媒体平台为新闻编辑提供了与受众直接互动的机会。编辑可以通过评论、私信等方式收集受众对新闻报道的反馈意见，了解他们的需求和喜好。同时，编辑还可以通过分析用户的点击、分享、评论等数据，了解新闻报道的传播效果和影响力。这些反馈信息有助于编辑及时调整编辑策略，优化新闻报道的内容和形式，提升报道的质量和影响力。

（三）互动创新的意义与价值

新闻采访与编辑在社交媒体上的互动创新对于提升新闻报道的质量和影响力具

有重要意义。首先，互动创新有助于打破传统新闻采访与编辑的局限性，拓宽新闻来源和视野，获取更多独家、深入的新闻素材。其次，互动创新可以增强新闻报道的参与感和可信度，让受众更加直观地了解新闻背景和过程，增强新闻报道的接受度和认可度。此外，互动创新还可以提升新闻报道的传播效果和影响力，吸引更多受众的关注和参与，推动新闻行业的持续发展和创新。

参考文献

[1] 郭琪. 融媒体语境下的新闻传播理论探索 [M]. 长春：吉林出版集团股份有限公司, 2021.

[2] 唐润华, 吴长伟, 文建. 传播能力再造新媒体时代的世界性通讯社 [M]. 合肥：安徽大学出版社, 2012.

[3] 陈焕仁. 当代媒体新闻报道 [M]. 成都：四川人民出版社, 2007.

[4] 蔡睿智. 近代新闻传播实务研究 [M]. 北京：人民日报出版社, 2019.

[5] 张名章. 网络新闻编辑 [M]. 北京：北京师范大学出版社, 2010.

[6] 李道荣. 新闻与传播研究辑刊 第 2 辑 [M]. 长沙：湖南人民出版社, 2017.

[7] 黄健, 谢宁. 全媒体风暴 [M]. 南宁：广西教育出版社, 2015.

[8] 余秀才. 典学集 新闻传播学卷 [M]. 武汉：武汉大学出版社, 2017.

[9] 胡正荣, 赵树清, 马建宇. 媒介融合时代的电视新闻创新 省级地面频道发展战略研究 [M]. 北京：中国传媒大学出版社, 2011.

[10] 陈一新, 陈健民. 头条新闻论 [M]. 南宁：广西人民出版社, 2012.

[11] 郝雨, 郑涵. 新闻理论问题十讲 [M]. 上海：上海大学出版社, 2015.

[12] 北京市大兴区广播电视中心. 区域性媒体发展路径研究 [M]. 北京：中国传媒大学出版社, 2013.

[13] 阎亚平. 镜界 新闻摄影实践与研究 [M]. 郑州：大象出版社, 2014.

[14] 王传寿. 新闻三味 王传寿自选集 [M]. 合肥：合肥工业大学出版社, 2015.